KB236484

슬기로운 중학생 돈 공부

※ 알려드립니다.
이 책 본문에는 AI로 생성된 이미지가 포함되어 있습니다.

"미래를 위해 준비할래요"

슬기로운 중학생 돈 공부

초판 1쇄 인쇄일　　2026년 3월 17일
초판 1쇄 발행일　　2026년 3월 25일

지은이　　　　송미정, 윤재한, 김정석, 진흥섭, 이영춘 공저
펴낸이　　　　최길주

펴낸곳　　　　도서출판 BG북갤러리
등록일자　　　2003년 11월 5일(제318-2003-000130호)
주소　　　　　서울시 영등포구 국회대로72길 6, 405호(여의도동, 아크로폴리스)
전화　　　　　02)761-7005(代)
팩스　　　　　02)761-7995
홈페이지　　　http://www.bookgallery.co.kr
E-mail　　　　cgjpower@hanmail.net

ISBN 978-89-6495-341-9　03320

슬기로운 중학생 돈 공부

송미정, 윤재한, 김정석, 진흥섭, 이영춘 공저

BG 북갤러리

돈을 아는 아이는
선택할 수 있고,
선택할 수 있는 아이는
자기 인생을 삽니다

"선생님, 용돈이 왜 이렇게 빨리 없어져요?"

"부모님은 돈 얘기만 하면 왜 싸우실까요?"

"투자는 어른들만 하는 거 아닌가요?"

교실과 상담실, 가정에서 우리는 아이들의 다양한 질문을 마주해 왔습니다. 그런데 놀랍게도 그 질문들에는 정작 교과서에서 답을 찾기 어려운 것들이 대부분이었습니다. 돈은 매일 쓰고 평생 함께 가야 할 존재인데도 아이들은 돈을 막연히 어렵거나 괜히 욕심내면 안 되는 것 혹은 어른들의 영역으로만 인식하고 있었습니다.

이 책은 바로 그 지점에서 출발했습니다.

‘아이들이 자기 삶의 주인으로 살아가기 위해 돈을 어떻게 이해해야 할까?’

저희 공저자가 경제학자는 아닐지라도 학교 현장에서 아이들을 매일 만나고 진로를 함께 고민하며 순간들을 수없이 지켜본 교사이자 교육자입니다. 그래서 이 책은 이론보다 현실, 설명보다 대화, 지식보다 경험을 먼저 담았습니다.

10대 학생들이 책을 읽고 나서 자기 용돈을 관리하고 슬기롭게 소비하길 바랍니다. 그 과정에서 직업과 노동의 의미를 이해하길 바라는 마음입니다. 돈을 통해 미래를 상상하기도 하고 나눔을 통해 사회의 일원으로 성장하게 된다면 더욱 기쁠 것입니다.

학생 혼자 읽고 덮는 책이 아니라 부모, 교사와 함께 읽고 생각이 확장되도록 구성했습니다.

AI와 디지털 기술이 빠르게 바꾸는 세상에서 ‘금융 문해력’은 선택이 아닌 기본 역량이 되었습니다. 하지만 그 출발선은 결코 복잡할 필요가 없습니다. 중학생의 눈높이에서 일상의 언어로, 충분히 시작할 수 있습니다.

이 책을 통해 학생들은 돈 앞에서 움츠러들지 않고 부모는 불안 대신 기준을 세울 수 있습니다. 그리고 교사는 수업과 삶을 연결하는 도구로 사용하시길 바랍니다. 그리고 언젠가 학생들이 성인이 되어도 중학생 시기에 제대로 한 돈 공부가 경제생활에 힘이 되길 기대해 봅니다.

이 책이 슬기로운 경제생활의 시작점이 되길 바라며, 교실과 삶의 현장에서 5명의 저자가 함께 써 내려간 이 책을 여러분께 건넵니다.

공저자 일동

프롤로그

 돈의 정체를 파헤치다 | 송미정 | 12

돈의 정체를 파헤치다

| 송미정 |

여러분! 우리는 지금부터 돈의 정체를 파헤칠 거예요. 돈이 어떻게 세상에 나타난 걸까? 최초의 돈은 어떤 형태였을까? 사람들은 왜 그렇게 돈에 집착할까? 돈이 많으면 정말 행복할까? 하하! 너무너무 궁금한 게 많죠? 'Part 1'에서는 돈의 본질과 역사, 돈과 행복의 관계를 배우게 됩니다. 지피지기면 백전백승! 이제 진짜 슬기로운 돈 공부! 시작해 볼까요?

슬기로운 돈 공부
슬기로운 돈 공부

돈아, 너 정체가 뭐니?

'돈의 탄생 비밀 파일'에서는 옛날 사람들이 물건을 어떻게 주고받았는지, 지금의 돈이 어떤 과정을 거쳐 생겨났는지 알아볼 거예요. 돈은 그냥 종이나 동전이 아니라 신뢰와 약속을 담고 있다는 것도 배우게 됩니다. '돈이 없으면 어떻게 하지?'에서는 가난이 개인의 삶에 미치는 영향을 함께 생각해 보기로 해요. 그리고 '가난한 나라, 부자 나라'에서는 가난한 나라와 부자 나라의 차이가 무엇인지 함께 알아봐요.

1. 돈의 탄생 비밀 파일

1) 젤리와 조개의 비밀

민재는 '코딩 천재'라는 별명이 있을 만큼 컴퓨터를 잘 다루는 아이지만, 요즘엔 전혀 다른 것에 꽂혀있다. 바로 '돈'이다. 시작은 단순했다. 어느 날 학교 끝나고 편의점에 들른 민재는 평소 좋아하던 젤리를 집어 들

었다. 하지만 계산대 앞에서 멈칫했다.

"어? 1,500원? 이번 주 남은 용돈은 3,000원인데, 젤리를 사고 나면 1,500원밖에 안 남잖아?"

태현이가 그걸 보고 뒤에서 말했다.

"야, 그거 사면 이번 주 매점 끊어야겠다?"

친구들의 웃음 속에서 민재는 생각했다.

'아니, 젤리 하나 사는 데 왜 이렇게 머리를 써야 하는 거야? 돈이 없으면 정말 아무것도 할 수 없는 건가?'

그날 밤, 민재는 집에서 아빠에게 조심스럽게 물었다.

“아빠, 용돈 조금만 더 주시면 안 돼요? 왜 맨날 모자란 거 같죠?”

아빠는 TV 채널을 바꾸다 민재를 보며 말씀하셨다.

“엄마한테 용돈 받은 지 얼마 안 된 거 같은데 벌써 다 썼냐?”

“네, 이상하게 별로 쓴 것도 없는 거 같은데 1,500원만 남았어요. 오늘 편의점에서 젤리 하나 샀더니 확 줄었어요. 돈이 대체 뭔지.”

“좋은 질문이야. 민재 너는 돈을 좀 알아야겠는걸? 돈은 사람들 사이의 약속인 건 아니?”

민재는 머리를 긁적였다.

“약속이요?”

“그래. 젤리 살 때 돈을 내잖아? 이 세상은 뭔가를 사고팔 때 서로 약속이 되어 있어. 젤리는 이 정도 가치가 있으니까 얼마를 내야 살 수 있다는 식이야. 일종의 물건을 교환하는 도구가 돈인 거지.”

“아하, 돈은 약속이고 도구라구요?”

“그렇지. 그리고 돈이 부족하면 어떻게 될까? 네가 원하는 일을 못 하거나 가질 수도 없게 돼. 일종의 내 선택의 자유가 점점 줄어들게 되는 거야. 이제 용돈 좀 아껴 써야 할 것 같은데?”

“자유요? 돈이 없으면 자유도 없는 거예요?”

“응. 물건을 사든 안 사든 자유지만, 가만히 생각해 보면 돈이 있고 없고에 따라 선택의 폭이 달라진단다.”

그날 저녁, 민재는 '돈의 역사'를 검색해 봤다. 그리고 흥미로운 사실에 눈을 반짝였다. '조개껍데기를 돈처럼 썼다고? 돌을 굴려서 거래한 적도 있네? 소금으로 세금을 낸 나라도 있구나. 서로 원하는 물건을 교환하는 물물교환이 있었네?' 민재는 '젤리와 조개의 비밀'을 제목으로 파일을 생성했다. 역사 속 돈의 진화를 재미있게 설명하고 돈이 왜 생겼는지, 왜 중요한지를 하나씩 정리해 보기로 했다.

민재는 물물교환에 대해 흥미로운 사실들을 발견했다. 소 한 마리와 곡식 여러 포대를 바꾸기도 하고, 누군가는 기술을 가르쳐주는 대신 음식을 받기도 했다는 것이다. '아, 그렇구나. 돈이 없어도 사람들은 서로 필요한 걸 나누며 살았구나. 그런데 왜 돈이 필요해진 걸까?' 민재의 돈에 대한 호기심은 이제 막 시작되었다.

2) 선생님 & 전문가의 조언

"애들아, 돈이 뭘까?"

"물건을 살 수 있는 거요?"

"저희 엄마가 맨날 없다고 하시는 거요."

"하하, 다 맞는 말이야. 실제로 많은 어른들도 이렇게 말하거든."

"돈 없으면 아무것도 못 사!"

"돈 있어야 편하게 살지."

"다 맞는 말이야. 조금 더 깊이 들어가 보자. 진짜 돈이란 뭘까? 우리가 편의점에서 물건을 사고, 엄마가 마트에서 장을 보고, 온라인에서 게임 아이템을 결제할 수 있는 건 돈이 있기 때문이지. 사실 돈은 단순히 '물건을 사는 도구'가 아니야. 돈은 교환할 수 있는 가치란다. 돈은 서로 필요한 것들을 주고받는 사회적 약속이자 신뢰의 도구야. '이것은 이만큼의 가치가 있어요.'라고 모두가 약속하고 믿기 때문에 돈에 새겨진 숫자 하나하나가 의미를 가지는 거야. 아주 오랜 옛날, 화폐가 없던 시기에 사람들은 어떻게 살았을까?"

"물물교환이요!"

"맞아! 물물교환이야. 내가 잡은 생선 한 마리 줄 테니, 네가 사냥한 고기랑 바꾸자, 이런 식으로 말이야. 근데 문제가 많았어. 생선 한 마리=고기 한 덩어리가 동일한 가치인지가 명확하지 않은 거야. 누구는 싱싱한 생선을 신선하지 않다고 불평할 수도 있고, 누구는 사냥이 더 힘드니까 생선 두 마리와 바꿔야 한다고 할 수도 있겠지? 그래서 사람들은 고민했어.

모두가 인정할 수 있는, 공통된 기준이 필요했던 거야. 이때 등장한 게 바로 돈, 그러니까 화폐란다. 처음엔 조개껍데기, 돌, 소금 같은 걸 돈처럼 썼어. 이걸 '원시 화폐'라고 해. 그러다가 점점 금, 은, 구리로 만든 동전이 나오고, 나중엔 종이로 된 지폐가 만들어졌어. 요즘은 어때? 스마트폰만 있으면 결제되잖아. 지갑이 없어도 돼. 인터넷 은행, 신용카드, 교통

카드, 심지어 비트코인 같은 디지털 화폐까지 생겼지.

여기서 정말 중요한 사실은 돈은 모두가 그 가치를 믿기 때문에 마음놓고 쓸 수 있는 거란다. 우리가 천 원짜리 지폐를 들고 가게에 가면, 그 주인도 그 돈의 가치를 믿고 물건을 주는 거지. 만약 종이 조각이라고 아무도 믿지 않는다면 아무 쓸모가 없어져. 그래서 돈은 신뢰와 약속이란다.

그리고 또 하나 중요한 사실! 우리는 돈을 제대로 알고 쓰는 사람이 되어야 한다는 거야. 바로 돈의 정체를 잘 이해해야 하는 이유이기도 하지.

애들아, 기억하자!

돈은 너희의 삶을 더 자유롭고 행복하게 만들어주는 건 맞아. 돈의 노예가 되지 않고 현명하게 돈을 벌고 쓸 수 있도록 제대로 공부하자.”

3) 이것만은 알고 가자!

• **돈은 사람들 사이의 약속이다**

: 돈 자체는 종이 또는 숫자지만, 돈의 가치를 모두가 믿고 약속하여 사용한다.

• **돈은 선택의 도구이다**

: 돈이 있으면 물건을 사고, 여행을 가는 등 선택의 자유가 생긴다.

• **돈은 시대에 따라 변했다**

: 조개껍데기, 소금, 돌 → 금과 은 → 동전, 지폐 → 카드, 스마트폰 결제, 암호화폐

• **화폐(돈)** : 사람들이 공통으로 믿고 사용할 수 있는 가치 있는 물건 또는 기호

• **물물교환** : 돈이 생기기 전, 사람들이 물건과 물건을 직접 교환하던 방식

• **디지털 머니** : 실물이 없는, 인터넷과 스마트폰 안의 돈

---

4) 이것만은 하고 가자!

활동 : 나만의 머니 히스토리를 시간순으로 정리해 보아요.

• 나만의 소비 · 선택 · 경험을 시간순으로 정리해 봅니다. 아래 표를 참고해서 빈칸에 자신만의 머니 히스토리를 2가지 정리해 보세요!

시기	사용 금액(원)	무엇에 썼나요?	왜 그런 선택을 했나요?	지금 돌아보면 어떤 생각이 드나요?
초등 저학년	1,500	구슬 아이스크림	더워서 먹고 싶어짐	충동적으로 사 먹었지만 더위 해소는 안 됨
초등 고학년	2,000	문방구 스티커	친구가 산 것을 보고 예뻐서	한 번 쓰고 안 씀
최근 1	10,000	떡볶이+인형 뽑기	떡볶이 가게 앞에 인 형뽑기가 있었음	인형을 못 뽑아서 아까웠음
최근 2				
최근 3				

ㄹ. 돈이 없으면 어떻게 하지?

우리 돈 없이 살 수 있을까? 밥 한 끼를 사 먹는 것조차 힘든 세상에서 돈은 삶을 움직이는 중요한 도구다. 옛날엔 물물교환을 했지만 원하는 게 맞지 않으면 거래가 어려웠다. 그래서 모두가 인정하고 쉽게 주고받을 수 있는 '돈'이 생겼다. 금과 은, 동전과 지폐, 그리고 지금은 스마트폰 속 디지털 머니까지 발전했다. 그런데 중요한 건 돈의 형태가 아니라, 우리가 돈을 어떻게 바라보고 쓰느냐이다. 돈이 많다고 행복이 보장되진 않는다. 돈은 수단이지 목적이 아니니까. 왜 벌고 어디에 쓰고 싶은지 스스로 물을 줄 아는 사람이 진짜 주인공이다.

1) 티셔츠 한 장의 물물교환 대모험

"엄마, 나 이 옷 진짜 갖고 싶은데, 할머니가 생일 선물로 준 돈, 그거 써도 되지?"

거울 앞에서 흰색 레터링 티셔츠를 들고 한참을 고민하던 유리는 결국 침대에 털썩 앉았다. 요즘 친구들 사이에서 핫한 쇼핑몰 '유니크빈'에서 나온 신상인데, 장바구니에 담아두고 며칠째 클릭만 반복하고 있다.

문제는… 엄마다.

"지금도 옷 많잖아."

"그건 작년에 입던 거고……. 이건 디자인이 달라!"

"너 요즘 소비가 느 거 알아? 돈은 그렇게 쉽게 쓰는 게 아니야."

유리는 억울했다.

'내가 갖고 싶은 걸 사는 게 왜 문제야? 내가 번 돈은 아니지만, 생일 선물로 받은 돈인데. 그걸로 내가 원하는 걸 사면 안 되는 거야?'

유리는 저녁을 먹고 역사 숙제를 하다가 퍼뜩 '아, 맞다. 옛날엔 돈 없이도 거래했지?' 이런 생각이 떠올랐다. 유리는 궁금했다.

'진짜 옛날 사람들은 옷 같은 거 사고 싶으면 어떻게 했을까?'

유리는 연습장 한 장에 '유리 월드'라는 가상 국가를 만들기 시작했다.

이곳은 돈이 없는 곳! 모든 거래는 물물교환으로 이루어지는 곳!

유리는 종이에 복잡한 연결고리를 그리다 보니 터져 나오는 웃음을 참을 수 없었다.

'헉… 결국 티셔츠 하나 사려면 마카롱부터 만들어야 한다고?'

그런데 여기서 끝이 아니었다. 유리는 더 곰곰이 생각해 보기 시작했다.

'잠깐, 하림이가 마카롱을 만들려면 재료가 필요하잖아? 아몬드 가루, 설탕, 버터……. 그건 또 어떻게 구하지?'

유리는 더 복잡한 그림을 그리기 시작했다. 마카롱 재료를 얻기 위해서는 농부들과 거래해야 하고, 농부들은 또 다른 것들을 원할 것이다. 어떤 농부는 농기구를 원하고, 어떤 농부는 옷을 원할지도 모른다.

'아, 결국 티셔츠를 만드는 사람이 필요한 거네? 그런데 그 사람은 또 뭘 원할까?'

유리는 머리가 복잡해지기 시작했다. 게다가 더 큰 문제가 있었다.

'만약 피아노 학원 원장님이 마카롱을 싫어한다면? 아니면 하림이가 마카롱 만들기를 거절한다면?'

유리는 상상 속에서 온갖 상황을 그려보았다. 마카롱을 좋아하던 피아노 학원 원장님이 갑자기 다이어트를 시작해서 마카롱을 거절하는 모습, 하림이가 "요즘 너무 바빠서 마카롱 못 만들어." 하고 거절하는 모습까지.

이렇게 되면 나는 평생 그 티셔츠를 못 입는 거네!

유리는 잠시 생각에 잠겼다. 돈의 진짜 가치는 내가 그것을 어떻게 사용하느냐에 달려 있다. '현명하게, 의미 있게 쓸 수 있는 사람이 돼야겠어.' 유리는 깨달았다. 티셔츠를 사는 것보다 더 중요한 건 정말 필요한 물건인지 한 번 더 생각하는 것임을 말이다.

2) 선생님 & 전문가의 조언

"얘들아, 우리 돈 없이 살 수 있을까?"

선생님의 질문에 교실이 조용해졌다. 몇몇 아이들이 고개를 갸웃거리며 생각에 잠겼다.

"우리는 돈 없이는 밥도 사 먹기 힘든 시대에 살고 있지? 옛날 사람들은 물물교환부터 했어. 감자를 주고 고등어를 받는 식으로 말이지. 문제는 나는 고등어가 필요한데, 어느 날 상대방은 감자 말고 소금이 필요하면 어떻게 하지? 거래가 안 되겠지?"

"아, 그럼 소금 가진 사람을 찾아야 하네요!"

"맞아. 그런데 소금 가진 사람은 또 다른 걸 원할 수도 있단다. 그럼 거래할 사람을 계속 찾아다녀야 하지. 시간도 오래 걸리고 때로는 아예 거래가 성사되지 않을 수도 있고 말이다."

교실 곳곳에서 "아~" 하는 탄성이 들렸다.

"그래서 사람들은 고민했어. 모두가 원하고 쉽게 주고받을 수 있는 걸 만들기로 한 거지. 이게 바로 '돈'의 시작이야."

그때 유리가 질문했다.

"선생님, 그럼 금이나 은은 왜 돈이 됐어요?"

"좋은 질문이야. 금과 은은 오래 보관해도 상하지 않고, 작은 크기에 큰 가치를 담을 수 있어서 휴대하기 편했거든. 게다가 아름다워서 사람들이 갖고 싶어 했고.

다음에는 동전, 지폐가 생겼고, 지금은 스마트폰 안의 숫자 '디지털 머니'까지 발전했지. 코로나 시대를 겪으면서 현금보다 카드나 앱으로 결제하는 경우가 더 많아졌어. 여기서 중요한 건 돈의 형태가 바뀐 게 문제가 아니란 거야. 돈은 도구란다. 이것을 최고의 가치, 절대적인 것으로 여기는 사람은 돈이면 다 된다고 생각하게 되겠지? 돈이 없는 사람을 무시할 수도 있고 말이다. 너희 중에 돈을 많이 벌고 싶다는 사람도 있을 거야. 멋진 꿈이지. 그런데 그 전에 꼭 스스로에게 물어봐야 해."

선생님은 칠판에 큰 글씨로 적으셨다.

'나는 왜 돈을 벌고 싶은 걸까?'
'그 돈으로 무엇을 살까?'

"돈이 생기면 무엇을 사고 싶은지도 중요하지만, 왜 그걸 사고 싶은지도 중요하단다."

민재가 말했다.

"선생님, 그럼 돈을 많이 벌고 싶다는 생각이 안 좋은 건가요??"

"아니야. 돈을 버는 것 자체가 나쁜 건 아니지. 중요한 건 그 돈을 어떻게 버는지, 그리고 어떻게 쓰는지야. 정직하게 열심히 일해서 번 돈으로 나와 내 가족, 그리고 사회를 위해 의미 있게 쓴다면 그건 정말 멋진 일이 되겠지?"

수업이 끝날 무렵, 선생님이 마지막으로 말했다.

"돈을 대할 때는 항상 이렇게 생각해 보자. 이 돈을 통해 나는 어떤 세상을 만들고 있는가? 그러면 너희는 돈의 진정한 주인이 될 수 있을 거야."

3) 이것만은 알고 가자!

- 돈을 벌고 쓸 때는 '왜?'와 '어디에?'를 먼저 생각해야 한다.

- 개인의 돈 사용 선택이 사회 전체 경제에 영향을 미친다.

- 돈은 '살 수 있는 권리'가 아니라 '내가 선택하는 방식'이다.

- 물물교환의 한계 : 서로 원하는 것이 일치하지 않는 문제

: 시간과 노력이 많이 드는 비효율성

: 돈이 등장하게 된 근본적인 이유

- **신뢰 기반 약속** : 사회 구성원들 간의 공동 합의

: 돈이 작동하는 핵심 원리

----

4) 이것만은 하고 가자!

- **유리의 물물교환 미션, 너라면 어떻게 할까?**

> "내가 갖고 싶은 것은 ○○○이고, 지금 가진 것은 □□□야.
>
> 돈이 없다면 어떻게 바꿀 수 있을까?"

다음 도식표를 활용하여 직접 '물물교환 루트'를 만들어 보세요! (최소 4단계 이상,

누가 무엇을 원하고 어떤 문제점이 생길 수 있을지도 같이 적어 보세요)

단계	주체	가진 것	원하는 것	다음 단계로 연결하려면?
1단계	나	예) 직접 그린 그림	예) 떡볶이	떡볶이 사장님은 뭘 원할까?
2단계				
3단계				
4단계				

3. 가난한 나라, 부자 나라

1) 하림TV의 기부 릴스 프로젝트

하림이는 중학교 1학년. 학교에선 조용한 편이지만, 알고 보면 구독자 1만 명을 보유한 인기 유튜버다. 채널 '하림TV'는 주로 키링 만들기, 슬라임 꾸미기 같은 아기자기한 미술 콘텐츠를 올린다. 하림이는 썸네일, 업로드까지 혼자서 척척 해내는 진짜 실력자다.

그날도 하림이는 평소처럼 영상을 편집하고 있었다. 그런데 유튜브 메인 화면에 추천 영상 하나가 눈에 띄었다. '기적을 기다리는 아이들.' 영상 속 아이들은 학교에 가는 대신 물을 뜨러 매일 2시간을 걸었다. 간신히 하루 한 끼로 살고 있었다. 하림이 또래처럼 보였지만, 얼굴엔 웃음기가 없었다. 한 소녀가 물통을 머리에 이고 먼지투성이 길을 걸어가는 모습이 안타까웠다.

그날 저녁, 하림이는 아빠에게 여쭤봤다.

"아빠, 가난한 나라들은 왜 계속 가난한 거예요?"

아빠는 잠시 생각하다가 말씀하셨다.

"가난은 단순히 돈이 없는 게 아니야. 학교가 없고, 의사도 부족하고 인터넷도 안 되는 나라들이 있어. 돈이 없으니 교육, 의료, 일자리, 다 막혀 있는 거지."

"근데 전기랑 인터넷만 있어도 영상 만들고 돈 벌 수 있는데요?"

"맞아. 그런데 어떤 아이들은 그런 기회 자체를 가질 수 없는 거야."

하림이는 고개를 끄덕이며 물었다.

"우리나라는 언제부터 부자가 됐어요?"

"예전엔 우리나라도 가난했어. 교육에 투자하고, 기술을 개발하고, 사람들이 열심히 일해서 지금처럼 된 거지. 다른 나라들의 도움도 있었고."

하림이는 그날 밤, 유튜브 채널에 릴스 하나를 올렸다.

"키링 팔아서 함께 기부해요! 수익금의 일부는 물 부족 국가 아이들에게 보내집니다."

댓글에는 "하림이 멋져요!", "같이 하고 싶어요!"가 줄줄이 달렸다.

일주일 후, 하림이의 '기부 키링 만들기' 영상은 평소보다 3배 많은 조회수를 기록했다. 하림이는 동물 캐릭터로 키링 디자인을 했다. 구독자들도 직접 만든 키링 사진을 올리며 기부 인증샷을 남겼고, 다른 유튜버들도 프로젝트에 동참하기 시작했다. 하림이는 기부 단체에서 받은 감사 메시지를 읽으며 뿌듯해했다.

"하림 님 덕분에 케냐의 아이들 10명이 한 달 동안 깨끗한 물을 마실 수 있게 되었습니다."

하림이는 많은 이들과 마음을 나눌 수 있다는 게 정말 행복했다. 앞으로 전 세계 친구들과 함께하는 우정 키링 만들기도 해보고 싶어졌다.

2) 선생님 & 전문가의 조언

"얘들아, 세상엔 가난한 나라도 있고 부자 나라도 있어.

우리처럼 학교에서 공부하고, 급식 먹고, 인터넷을 쓰며 유튜브를 보는 게 당연하지 않은 나라들도 많단다.

그게 바로 우리가 돈 공부를 꼭 해야 하는 이유 중 하나야. 돈은 나를 위해서만 쓰는 게 아니라, 세상을 바꾸는 데도 쓸 수 있는 도구거든.

우리는 가난이라는 말을 들으면 그냥 '돈이 없는 상태'라고 생각해. 그런데 실제로는 그보다 훨씬 더 복잡해. 학교가 없고, 병원이 멀고, 집에 전기도 들어오지 않고, 인터넷은커녕 깨끗한 물도 없는 곳이 있어. 이런 나라들의 아이들은 '배움의 기회', '건강할 기회', '꿈을 꿀 기회'조차 없지.

왜 이런 나라들이 계속 가난할까? 이유는 다양해. 식민 지배의 역사, 전쟁, 부정부패, 기후 변화 같은 큰 문제들이 오랫동안 누적되어 온 거야. 예를 들어 베네수엘라는 예전엔 석유로 부자가 됐지만 지금은 경제 위기와 정치 불안으로 물가가 미친 듯이 올랐고, 마트에 음식이 없는 날도 많대. 반대로 베트남은 전쟁과 가난을 딛고, 제조업과 관광산업으로 지금은 신흥 부국이라고 불릴 정도로 성장했어.

이런 얘기를 듣다 보면 '내가 뭘 할 수 있지?' 할거야. 내가 가진 걸 나눌 줄 아는 사람, 공정한 소비를 하려는 사람이 된다면 그게 바로 멋진 기부자란다. 오늘 너희가 나는 어떤 경제 시민이 될 것인가, 이 세상에서 어떤 영향을 미칠 수 있을까, 이런 질문을 해보는 시간이었길 바란다."

3) 이것만은 알고 가자!

· 빈곤은 기회 부족이다

돈만 없는 게 아니라, 교육 · 의료 · 일자리 등 기회가 차단된 상태를 말한다.

· 가난한 나라가 되는 이유

식민 지배, 전쟁, 부패, 기후 변화 등 구조적인 문제가 많아 해결이 어렵다.

· 가난한 나라 VS 부자 나라

부자 나라 ➡ 가난한 나라	가난한 나라 ➡ 부자 나라
· 베네수엘라 : 석유 부국 → 현재는 경제난	· 베트남 : 전쟁 후 산업 육성으로 경제 성장
· 짐바브웨 : 자원이 많았지만 극심한 인플레이션	· 방글라데시 : 섬유 산업과 해외 송금으로 발전

· 기부 : 내가 가진 돈이나 물건을 어려운 사람이나 단체에 도움을 주기 위해 자발적으로 주는 것. 예) 헌 옷을 기부하거나 지진 피해 지역에 돈을 보내는 것

· 식민지배 : 한 나라가 다른 나라를 힘으로 점령해서 정치 · 경제 · 문화를 마음대로 지배하는 것

------

4) 이것만은 하고 가자!

• 1단계에서 체크하고, 2단계에서 계획을 작성해 보세요

1단계 : 내 재능 찾기

나는 무엇을 잘할까?

☐ 그림 그리기

☐ 요리 / 베이킹

☐ 글쓰기

☐ 만들기 / DIY

☐ 노래 / 연주

☐ 운동 / 댄스

☐ 기타 : _________________

2단계 : 프로젝트 계획하기

프로젝트 이름 : ___________________________

만들고 싶은 것 / 서비스 : ____________________

예상 비용 : ____________________

목표 수익 : ____________________

수익 사용 계획 :

나를 위해 : ____%

가족을 위해 : ____%

기부를 위해 : ____%

2장

돈 공부, 왜 해야 할까?

'용돈이 왜 이렇게 순삭되지?' 이런 생각을 해본 적이 있다면 2장은 바로 여러분을 위한 이야기입니다. 돈이 어디로 어떻게 사라지는지를 함께 추적해 보고, 과소비라는 '블랙홀'이 우리의 소비 습관 속에 어떻게 숨어 있는지 밝혀내 보기로 해요. 무심코 쓴 2,000원짜리 간식비가 쌓여 한 달에 얼마나 되는지, 자잘한 지출이 왜 무서운지, 계획 없는 소비가 왜 위험한지 알게 될 거예요.

1. 쑥쑥 사라지는 용돈 블랙홀의 정체

1) 거북이 한 마리에 날아간 자유

'아, 진짜 내가 왜 그때 그걸 샀을까……'

태헌이는 방학 동안 외삼촌 베이커리 카페에서 아르바이트를 했다. 학원 가기 전에 아침 일찍 빵 진열을 도와드리면서 모은 돈이었다. 처음으로 10만 원이라는 큰돈을 직접 벌어서 그런지, 손에 쥐고 있는 것만으로도 왠지 어른이 된 것 같은 기분이 들었다.

하지만 문제는 바로 다음 날, 파충류 애완동물 동호회에서 동헤르만 육지거북 베헤르만을 7만 원에 양도한다는 게시글을 보고 잽싸게 거래를 한 것이다. 사실 그렇게 급하게 필요하진 않았다. 집에서 키우는 파충류가 네 마리, 거기에 이 거북이도 이미 한 마리 있었다. 엄마가 이제 절대 안 된다고 하셨었다. 그런데 이 거북이는 원래 10만 원이 넘는다. 이게 왠 득템이냐는 생각에 덜컥 사버린 것이다.

통장의 돈은 이미 이체해서 7만 원이 사라졌다. 태헌이는 기분이 썩 좋진 않았다. 어릴 때부터 명절이나 생일에 어른들께 돈을 받으면 차곡차곡 모아 났다. 그런데 지금 충동구매를 이기지 못하다니!

그때 아빠가 방에 들어오셨다.

"태헌아, 너 또 거북이 샀더라?"

"네. 맞아요."

"그런데 지금 표정 보니까, 막 신나는 건 아닌가 보다?"

태헌이는 고개를 끄덕였다.

"아빠, 돈이란 게요……, 직접 벌어보니까 쓰는 게 아깝더라구요. 근데 너무 빨리 다 써버려서 속상해요."

아빠는 태헌이의 머리를 쓰다듬으며 말했다.

"그래, 맞아. 돈은 네 노력의 에너지야. 그리고 돈이 있을 땐 선택할 수

있는 자유가 생기지. 하지만 진짜 중요한 건, 네가 그 선택을 잘하는 사람
이 되는 거란다.”

그날 밤 태현이는 거북이들을 보면서 생각에 잠겼다.

'그래! 돈은 내 시간이고, 땀이고, 에너지다. 내가 선택할 힘이기도 하
고, 나를 자유롭게도 하지만 잘못 쓰면 나를 가두기도 한다.

돈을 잘 쓰는 사람이 되고 싶다.

취미생활도 좋지만, 충동구매는 자제하자!'

2) 선생님 & 전문가의 조언

"애들아, 오늘은 돈에 대해 조금 다른 관점에서 생각해 볼까?

이번 달 용돈 얼마 받았다 같은 얘기가 아니라, 돈이 가진 진짜 힘 말이야. 보통 사람들은 돈을 숫자나 계산으로만 보거든.

'내 통장에 얼마 있어요.'

'아르바이트해서 얼마 벌었어요.'

이런 식으로 말이다. 근데 돈에는 우리가 모르는 세 가지 힘이 숨어 있어. 그걸 알면 돈을 훨씬 더 잘 다룰 수 있단다.

첫 번째는 '에너지'야.

돈은 그냥 하늘에서 떨어지는 게 아니잖아? 일하고 땀 흘리고 시간과 마음을 써서 버는 거지. 그런 돈을 아무 생각 없이 써버리는 건, 돈을 번 자신이나 돈을 준 분의 노력을 가볍게 여기는 거야. 그러니까 돈을 쓸 땐 이 돈이 어떻게 나에게 주어진 건가 한 번쯤 생각해 봐야 해.

두 번째는 '선택'이야.

돈이 있으면 선택지가 많아진단다. 치킨 먹을지, 떡볶이 먹을지. 친구 생일 선물은 뭐 살지, 이번엔 책을 살지, 아니면 스티커를 살지. 선택지가 많다는 건, 내 삶을 내가 결정할 수 있다는 뜻이기도 해."

이때 하림이가 손을 들고 말했다.

"선생님, 저는 용돈이 많진 않지만, 꼭 필요한 것만 사려고 노력하거든요. 근데 가끔 친구들이 사는 걸 보면 저도 괜히 사고 싶을 때가 있어요. 그건 제가 잘못한 거예요? 아니면 당연히 느끼는 건가요?"

선생님이 웃으며 대답했다.

"좋은 질문이다. 그건 누구나 느끼는 감정이지. 사실 선택은 늘 '감정'과 같이 움직여. 중요한 건 그걸 알아차리고 다시 한번 내 기준으로 생각해 보는 거야. 무조건 안 사고 참는 게 정답은 아니고, 내 선택이 진짜 나를 위한 건가? 자신에게 물어보는 게 중요하지.

세 번째는 '자유'야.

돈이 있으면 누구한테 의존하지 않고 내가 하고 싶은 걸 스스로 할 수 있지. 근데 자유를 제대로 누리려면 돈을 잘 다룰 줄 알아야 해. 계획 없이 아무 데나 막 쓰면, 오히려 그 자유가 사라져 버리지. 돈은 나를 도와주는 친구일 수도 있지만, 날 끌고 다니는 주인이 될 수도 있어.

그래서 말인데, 이제부터는 돈을 친구처럼 대하자.

친구도 무조건 따라가면 안 되잖아? 돈도 똑같아.

무작정 따라다니다 보면 어느새 돈의 노예가 될 수도 있어.

근데 잘 다루면, 내 삶의 방향을 정할 힘이 되는 거야.

얘들아, 오늘부터 돈을 볼 때 그냥 '수단'으로 보지 말고, 내 에너지, 내 선택, 내 자유와 연결된 힘으로 한번 생각해 보자.

그게 바로 건강한 돈 공부의 시작이야!"

3) 이것만은 알고 가자!

- **에너지** : 돈은 그냥 생기지 않고, 누군가의 노동과 시간이 들어간 노력의 결과이다.

- **선택권** : 돈이 있을 때 우리는 더 많은 선택을 할 수 있고, 그 선택은 내 삶의 방향을 결정짓는다.

- **자유** : 돈은 의존하지 않고 내가 원하는 삶을 살 수 있게 도와주지만, 잘못 다루면 오히려 자유를 잃게 될 수도 있다.

- **충동구매** : 깊이 생각하거나 계획하지 않고 순간적인 욕구와 감정에 따라 즉흥적으로 이루어지는 소비 행동을 말한다.

----

4) 이것만은 하고 가자!

• 용돈 3만 원이 생겼을 때, 나의 '선택'을 통해 가치관을 표현해 보자!

(1) **상황** : 이번 달 용돈 3만 원! 여러분은 어떤 선택을 하시겠습니까?

    A안 : 영화 한 편 + 팝콘

    B안 : 책 1권 + 떡볶이

    C안 : 저축 + 친구 생일선물 준비

(2) **나의 선택** :

→ 나는 (　　　)안을 선택하겠습니다.

(3) **위와 같이 선택한 이유를 적어보세요!**

내가 이 선택을 한 이유는,

____

____

이기 때문입니다.

2. 미래를 위해 준비할래요

우리가 가진 꿈은 노력과 열정만으로는 다 이룰 수 없다. 운동선수는 훈련비와 장비가 필요하고, 과학자는 실험 도구와 자료가 필요하다. 대학 등록금, 학원비, 생활비처럼 꿈을 준비하는 과정에는 늘 돈이 따라온다. 그래서 돈은 여러분의 꿈을 지켜주는 중요한 도구이다. 오늘부터 돈을 어떻게 준비하고 다뤄야 할지, 함께 알아보자.

1) 꿈을 이루려면 돈이 필요해

유리는 예술고등학교 진학을 준비 중이다. 하루 대부분을 학원, 연습실, 학교 과제에 쏟는다. 피곤하지만 음악이 좋다는 이유 하나로 버티고 있다. 유리의 꿈은 피아니스트. 무대 위에서 연주하는 자신을 상상하면, 손끝에 힘이 들어가고 마음이 다시 뜨거워진다. 하지만 요즘은 자꾸 마음 한구석이 무거워진다.

며칠 전 엄마가 조심스럽게 말을 꺼냈다.

"유리야, 다음 달부터 레슨비를 줄여야 할지도 몰라. 아빠 회사 일이 조금 어려워졌어."

엄마의 목소리는 아무렇지 않은 척했지만, 유리는 느낄 수 있었다. 그날 이후 피아노 건반을 누르는 손끝이 자꾸 주춤거렸다. 연습실도, 선생님도, 친구들도 예전과 다르지 않은데, 유리 혼자만 뭔가 불안했다.

　며칠 후, 음악 시간에 '우리나라 뮤지션 조사' 과제를 받았다. 유리는 좋아하는 연주자들을 찾아보다가 그들의 현실에 대해 알게 되었다. 예상보다 훨씬 많은 뮤지션이 고정 수입 없이 프리랜서처럼 살아가고 있었고, 공연 하나를 준비하는 데도 수백만 원씩 드는 경우가 많았다. 병이 나거나 공연이 취소되면 수입은 '0'이 될 수도 있다는 사실에 충격을 받았다.

'꿈만 있으면 되는 줄 알았는데…….'

유리는 처음으로 자신의 미래가 무섭게 느껴졌다. 음악을 좋아하는 마음은 여전했지만, 현실도 외면할 수 없다는 것을 느꼈다.

집에 와서 엄마에게 물었다.

"엄마, 우리 집도 갑자기 힘들어지면 어떻게 해? 레슨은 계속 받을 수 있어?"

엄마는 따뜻하게 웃으며 말했다.

"그래서 비상금도 필요하고 보험도 필요하지. 너처럼 질문을 던지는 것 자체가 중요해. 준비하는 사람은 어려움이 와도 훨씬 더 잘 이겨낼 수 있어."

그날 밤 유리는 처음으로 '피아니스트'라는 직업만이 아니라 나 자신이 '인생 전체'를 책임진다는 것에 대해 깊이 고민했다. 음악을 계속하면서도 미래를 위한 안전장치가 필요하다는 것을 알게 되었다. 꿈을 이루기 위해서는 반드시 돈이 필요하다는 사실. 그리고 돈을 어떻게 준비할지도 이제부터 배워야 한다는 사실을 깨달았다.

2) 선생님 & 전문가의 조언

'미래를 준비하자!'

"바로 오늘 우리가 나눌 이야기야.

애들아, 혹시 너희는 미래가 늘 지금 같을 거라고 생각하니? 우리는 보통 오늘만 생각하지. 내일 뭐 입을지, 주말에 뭐 할지, 다음 시험 범위 정도? 그런데 어른들은 늘 이렇게 말하시잖아. 앞으로 일에 대비해야 한다고.

왜냐하면 미래는 예측할 수 없거든. 좋은 일도 물론 생기지만, 어려운 상황도 분명 찾아와. 갑작스러운 질병, 사고, 부모님의 실직, 기후 재난, 예상치 못한 지출처럼 말이야. 이런 일들은 완전히 피할 순 없어. 하지만 준비는 할 수 있어. 그리고 그 준비가 바로 너희의 삶을 지켜주는 힘이 될 거야."

이때 유리가 손을 들고 물었다.

"선생님, 근데 준비가 중요하다는 건 알겠는데요. 준비를 하려면 돈이 많이 들지 않나요? 저희는 용돈도 적고 돈도 못 버는데 어떻게 시작해야 하죠?"

"맞아. 하지만 당장 큰돈을 준비하라는 게 아니야. 작은 실천부터 시작하는 거야. 먼저 비상금을 만들어보자. 갑자기 아파서 병원에 가야 한다든지, 예기치 않은 이사나 일시적으로 돈이 부족한 상황에 대비하는 거야. 큰돈이 아니어도 매달 조금씩 따로 모아두는 것만으로도 큰 힘이 돼.

그리고 보험이 있어. 자동차 사고나 병원비 부담을 줄여주고, 큰 위험이 닥쳤을 때 최소한의 안전망이 되어 주지."

"선생님, 보험은 어른들만 드는 거잖아요?"

"그래. 학생 때는 직접 보험에 가입할 순 없지만, 부모님이 가족을 위해 준비하고 계실 수도 있어. 중요한 건 지금 보험의 개념과 원리를 어느 정도는 이해해 보는 거야. 너희가 성인이 되어 경제생활을 할 때, 반드시 필요한 시점이 오거든.

그다음은 저축과 투자야. 매달 조금씩이라도 아껴서 저축하거나 아주 안정적인 방식으로 돈을 맡겨 두는 것. 이건 '지금의 나'를 위한 게 아니라, '미래의 나'를 위한 선물이야.

운동선수, 과학자, 요리사 등등 어떤 진로를 향해 살다 보면 돈이 필요한 날은 오거든. 학원비, 대학 등록금, 자립생활, 심지어 가족을 부양해야 하는 순간도 생길 수 있어. 꿈을 이뤄가는 여정에 늘 돈이라는 현실이 함께 따라다니지. 그래서 우리는 돈을 쓰는 것만 생각할 게 아니라, 준비하고, 대비하는 도구로 봐야 해.

돈을 모으고 불리는 방법도 중요하지만, 위험을 줄이고 다시 일어설 힘을 준비하는 것 역시 진짜 돈 공부의 핵심이란다. 준비된 사람만이 불안한 상황에서도 다시 시작할 수 있단다."

3) 이것만은 알고 가자!

⑴ 진짜 돈 공부의 목적은 불확실한 미래를 위해 금융 회복력을 갖추는 것이다.

⑵ 비상금, 보험, 저축은 미래를 위한 현실적인 준비이다.

- **비상금** : 갑작스러운 병원비, 실직, 사고 등 예기치 못한 상황에 대비해 미리 마련해 두는 돈. 경제적 충격을 줄이는 데 매우 중요하다.
- **보험** : 불확실한 사고나 질병 등 위험 상황에 대비해 일정 금액을 지불하고, 실제 사고 발생 시 보장받는 제도. 경제적 위험을 분산시키는 대표적인 수단이다.
- **준비된 소비** : 미래를 위해 계획적으로 저축하거나 대비하는 지출 방식. 소비보다는 생존과 지속가능성을 중시한다.
- **금융 회복력** : 예기치 못한 경제적 충격에도 가계나 개인이 재정적 안정을 유지하고 다시 회복할 수 있는 능력이다.

----

4) 이것만은 하고 가자!

활동 : '미래에 생길 수 있는 위험' 목록을 만들어 보세요.

(1) 아래 상황 중 본인이나 가족이 겪을 수 있는 상황에 체크해보세요.

☐ 갑자기 아파서 병원에 가야 함.

☐ 부모님의 실직

☐ 스마트폰 고장

☐ 집안의 갑작스러운 수리 필요(보일러, 수도관 등)

☐ 친구 생일 선물 준비

☐ 피아노 대회 참가비 부족

☐ 학원비 인상

(2) 이 상황에 대비하기 위해 어떤 준비가 필요할지 써보세요.

예) 병원비 → 건강보험 가입, 병원비용 미리 조사

예) 피아노 대회 참가비 →

예) 친구 생일 선물 준비 →

미래에는 예상 못한 일이 생길 수도 있단다.

선생님, 앞날을 대비하려면 돈이 많이 들겠죠?

선생님, 미래는 어떻게 준비해야 할까요?

차근차근 돈 공부하고 저축과 보험으로 대비하면 된단다.

3. 돈의 노예는 NO!

우리가 하고 싶은 걸 계속하려면 단순히 열정만으로는 부족하다. 예상치 못한 아픔이나 가족의 어려움이 닥치면 꿈이 멈출 수도 있다. 그래서 준비된 내가 되기 위해서는 저축과 같은 작은 실천이 꼭 필요하다. 돈은 지루한 계산이 아니라, 너희의 꿈을 지켜주는 든든한 방패이다. 오늘부터는 '내 꿈을 지키기 위한 준비'를 하나씩 시작해 보자.

1) 피아노도, 나도 멈추지 않기 위해

"유리야, 다음 달 한 달만 쉬면 어떻겠니?"

엄마의 말에 고개를 끄덕였지만 마음은 복잡했다. 연습실에서 피아노 앞에 앉았지만 손가락이 무겁게만 느껴졌다. 머릿속엔 통장 잔고를 확인하며 한숨 쉬던 엄마의 모습이 떠올랐다.

유리는 예술고 진학을 꿈꾸며 매일 세 시간 이상 연습했다. 음악이 너무 좋아 힘든 줄도 몰랐는데, 처음으로 '돈'이 벽처럼 다가왔다.

며칠 뒤 수업 시간에 선생님이 물었다.

"좋아하는 일을 평생 하려면 무엇이 필요할까?"

"실력! 열정!"

친구들이 외쳤다.

선생님은 고개를 끄덕이며 덧붙였다.

"그런데 꾸준히 이어가려면 '돈'도 필요해. 연습실, 악기, 레슨, 또 예기치 못한 상황까지……. 경제 감각은 꿈을 지켜주는 방패가 될 수 있단다."

그날 유리는 집에 돌아와 엄마가 쓰는 비용을 계산해 봤다. 레슨비, 콩쿠르 참가비, 의상비, 교통비까지……. 적지 않은 돈이었다. 처음으로 음악 너머의 삶을 생각했다.

'나는 피아노를 좋아해. 그렇다면 내가 할 수 있는 준비를 하자.'

유리는 저금통을 꺼내 '내 꿈을 지켜주는 비상금'이라 이름 붙였다. 빵

을 사 먹던 습관을 줄이고, 용돈의 일부를 모았다. 친구들은 "그게 무슨 소용이야?"라고 했지만, 유리에겐 내 삶의 주인 되기의 시작이었다.

2) 선생님 말씀

"'어른이 되면 돈이 얼마나 필요할까?' 여러분은 이런 질문해 본 적 있나요? 보통 학생들은 부모님이 계시니까, 오늘만 생각하거나 내일 뭐 입을지, 주말에 뭐 할지, 다음 시험 범위 정도만 생각하며 사는 것 같습니다.
'ㅇㅇㅇ야, 저축을 해야 해.'
어른들의 이런 말이 지루하게 들릴 수도 있지만 사실 엄청 중요한 이야기예요. 언제나 예측하지 못한 일이 생길 수 있으니까요. 갑자기 아플 수도 있고 가족이 실직할 수도 있어요. 어떤 때는 갑자기 가정 형편이 어려워져서 취미생활이나 입시 준비 등을 멈춰야 하는 경우가 생기도 합니다. 이런 경우를 위해 몇 가지 미리 준비가 필요해요.
첫째, 비상금입니다.
아빠, 엄마가 갑자기 실직한다면? 가족이 아파서 병원비가 필요하면? 당장 꺼내 쓸 수 있는 돈이 필요하겠죠? 어른들은 비상금을 '긴급 자금'이라고도 하는데, 평소에 여러분도 비상금을 마련해두길 바라요.
둘째, 보험입니다.
자동차 사고나 큰 수술비처럼 감당하기 어려운 지출이 생길 때, 보험은 든든한 우산이 되어줘요. 학생인 여러분이 직접 가입할 순 없어도 부모님이 어떤 보험에 가입하셨는지 한 번쯤 이야기 나눠보는 게 좋아요.

셋째, 저축과 투자, 정말 중요합니다.

매달 조금씩 아껴서 저축하거나 장기적으로 돈이 자랄 수 있는 안전한 투자처를 알아보는 것도 필요해요. 지금의 나보다 '미래의 나'를 위한 선물이라고 할 수 있어요.

예술가를 꿈꾸는 친구, 운동선수, 과학자, 선생님, 유튜버를 꿈꾸는 친구 모두 성인이 되면 현실적인 삶에 적응해야 해요. 현실은 냉정하고 어떤 돌발 사태가 생길지 모릅니다. 그때 돈 때문에 어렵지 않으려면 평소에 먼저 돈을 준비해 놔야겠죠? 돈이 많은 것보다 더 중요한 건 돈에 조종당하지 않는 나만의 주관을 갖는 게 중요해요. 준비된 사람만이 불안한 상황에서도 다시 시작할 용기를 낼 수 있습니다. 이제 돈을 내 삶의 도구로 쓰는 주체적인 사람이 되기로 해요!"

3) 이것만은 알고 가자!

---

(1) 꿈을 이루기 위해서는 경제적인 준비도 필요하다.

(2) 돈에 대해 미리 공부하고 계획하는 자세가 필요하다.

- **비상금** : 예상치 못한 위기 상황에 대비하기 위한 긴급 자금

- **경제 감각** : 생활과 미래 계획을 스스로 책임질 수 있도록 돈을 이해하고 활용하는 능력

- **재정적 회복력** : 위기 상황에서 다시 일어설 수 있도록 준비하고 대응하는 경제적 능력

---

4) 이것만은 하고 가자!

• **주제 : 돈과 나의 미래 준비**

활동 1. 나의 꿈과 돈

나는 어른이 되면 어떤 직업을 가지고 싶나요?

→ ______________________________

그 꿈을 이루기 위해 필요한 돈(학비, 준비비 등)은 어떤 게 있을까요?

→ ______________________________

활동 2. 비상금 생각해보기

만약 집에 갑자기 큰돈이 필요하게 된다면 어떤 상황일까요?

(예 : 아플 때, 사고가 났을 때 등)

→ ______________________________

지금 내가 학생으로서 스스로 비상금을 모을 수 있는 방법은 무엇일까요?

→ ______________________________

3장

돈 vs 행복, 진짜 승부는?

'돈으로 모든 걸 해결할 수 있을까?' 이런 의문을 가져본 적이 있나요? 좋은 집, 멋진 옷, 해외여행 등은 돈으로 가능하지만, 진짜 친구, 건강, 사랑 등은 돈만으로는 얻기 힘든 것들이죠. 3장은 '돈'과 '행복'의 관계를 알아보는 시간입니다. 돈이 과연 행복을 돕는 수단인지, 아니면 행복 자체인지. 고민하고 진짜 '행복한 부자'가 되는 길을 함께 찾아봅시다.

1. 돈으로 살 수 없는 소중한 것들

1) 엄마의 도시락이 가르쳐준 것

하림이는 학교에서 제일 인기 있는 브랜드 필통과 다채로운 볼펜 세트를 가지고 있었다. 아빠가 해외 출장 다녀올 때마다 예쁜 문구류를 사다 주셨기 때문이다. 친구들은 하림이의 필통을 보며 "와 부럽다, 이거 진짜 비싸던데!"라며 감탄했다. 하림이도 그 반응이 나쁘지 않았다. 속으로 조금 우쭐했기 때문이다.

그날은 학교 운동회 날이었다. 하림이는 엄마가 싸주신 도시락을 들고 갔다. 친구들과 돗자리를 펴고 도시락을 펼쳤는데, 문득 옆자리에서 들리는 속삭임이 귀에 들어왔다.

"저거 뭐야, 완전 평범한 김밥이네. 우리 엄마는 이번에 돈 주고 도시락 업체에 맡겼대."

하림이는 순간 얼굴이 뜨거워졌다. 엄마는 늦게까지 일하시고도 새벽에 일어나 도시락을 싸주셨다. 그 따뜻한 김밥의 온기를 기억하며 도시락을 먹으려 했지만, 친구들의 말이 자꾸 마음에 걸렸다.

집에 돌아온 하림이는 엄마에게 물었다.

"엄마, 요즘엔 도시락도 돈 주고 맡기는 게 유행이래. 왜 우리도 그렇게 하지 않았어?"

엄마는 미소를 지으며 말했다.

"하림아, 엄마는 너를 위해 직접 싸고 싶었어. 김밥 하나하나에 네가 좋아하는 재료 넣고, 마음을 담았거든. 돈으로 해결할 수 있는 건 세상에 많지만, 마음은 돈으로 대신할 수 없어."

그날 밤, 하림이는 엄마가 새벽에 김밥을 말던 모습을 떠올렸다. 그리고 이렇게 일기에 적었다. 돈이 많으면 많은 걸 살 수 있지만, 엄마의 마음 같은 건 살 수 없다는 걸 알았다. 진짜 소중한 건 눈에 잘 안 보이지만, 마음 깊이 느껴지는 것이라고.

2) 선생님 & 전문가의 조언

'돈이 닿지 않는 것들이 정말 귀하다.'

"얘들아, 오늘은 조금 특별한 이야기를 해볼까?

사람들은 돈으로 많은 것을 사고팔지? 맛있는 음식, 예쁜 옷, 유행하는 가방, 게임기까지. 하지만 정말 중요한 건, 그런 물건들만이 아닐 거야.

한번 생각해 봐. 사랑, 우정, 정직함, 진심, 감사, 용기……. 이런 것들을 돈으로 살 수 있을까? 만약에 '100만 원 내면 찐친이 생겨요.'라는 가게가 있다면 거기서 진짜 친구를 살 수 있을까? 아니겠지? 친구는 마음이 통하고 서로 믿고 도와줄 때 생기는 거잖아.

돈은 많은 문제를 해결해 줄 수 있지만, 오히려 돈 때문에 관계가 틀어질 수 있어. 예를 들어 누군가 "너에게 잘해줄게, 대신 선물 사줘."라고 한다면 진실한 관계는 아닐 거야.

선생님도 어릴 때, 한 친구에게 생일 카드 한 장을 받은 적이 있어. 손글씨로 꾹꾹 눌러쓴 '항상 힘이 되어 줘서 고마워.'라는 말 한마디가 지금까지도 잊히지 않아. 가정 형편이 어려운 친구였는데 점심시간에 반찬을 나눠 먹곤 했거든. 연락은 끊겼지만 아직도 그 당시 일을 소중히 기억하고 있단다.

너희들도 진짜 중요한 것이 무엇인지 가끔 생각해 보면 좋겠다. 돈으로는 살 수 없는 가치, 마음, 사람, 추억, 그걸 알고 지키는 사람이 진짜 부자니까."

3) 이것만은 알고 가자!

---

(1) 돈은 많은 것을 살 수 있지만, 진심과 마음은 돈으로 살 수 없다.

(2) 진짜 소중한 것일수록 눈에 보이지 않지만, 우리 삶을 더 따뜻하게 만들어준다.

- **물질주의** : 돈이나 물건을 인생의 가장 중요한 가치로 여기는 태도. 과도하면 진짜 행복을 놓칠 수 있다.
- **무형 자산** : 눈에 보이지 않지만 삶에 영향을 주는 자산. 예 : 신뢰, 사랑, 추억, 평판 등.
- **가치** : 사물이나 행동이 가진 중요함이나 의미. 사람마다 어떤 것에 가치를 두느냐에 따라 인생 방향이 달라질 수 있다.

---

4) 이것만은 하고 가자!

내가 생각하는 '돈으로 살 수 없는 소중한 것들'을 아래의 빈 공간에 자유롭게 적고
꾸며보세요. 예) 엄마의 품, 친구의 웃음, 나만의 꿈, 정직함, 강아지와의 시간, 가족과의 식사 등

2. 돈이 많다고 무조건 행복할까?

오늘은 행복의 조건을 함께 알아보자. 돈만으로는 다 얻을 수 없는 것들이 있다. 그렇다면 진짜 행복은 어디서 오는 걸까? 우리 함께 하나씩 찾아보자.

1) 부자인데 왜 슬퍼 보이지?

태현이는 반에서 공부도 잘하고 성격도 밝은 편이다. 친구들과도 잘 지내고 선생님도 반가운 학생이다. 그런데 최근 들어 태현이는 가장 친한 친구 민재가 점점 멀어지는 듯한 느낌이었다. 민재는 전학온 지 6개월밖에 안 된 친구였지만, 부모님이 대기업 임원이고 항상 최신 가방과 스마트폰을 들고 다녔다. 친구들 사이에서도 부자인 걸로 유명했다. 처음엔 민재가 부럽기만 했다.

어느 날, 수업이 끝난 뒤 우연히 빈 교실로 돌아갔을 때, 민재가 혼자 창밖을 멍하니 바라보는 모습을 보았다.

"민재야, 무슨 일 있어?"

민재는 한참을 말없이 있다가 조용히 말했다.

"나 집에 거의 매일 혼자 있어. 엄마, 아빠는 늘 바쁘고 주말에도 일하

셔. 나랑 같이 밥 먹어주는 사람도 없어."

그날 이후, 태현이는 생각이 많아졌다. 민재네 집은 부자지만 별로 행복해 보이지 않았다. 그리고 자기 집은 부자는 아니지만, 가족이 함께 밥 먹고 웃는 시간이 얼마나 소중한지도 새삼 느껴졌다.

2) 선생님 & 전문가의 조언

"얘들아, 행복의 조건은 무엇일까?

돈이 많으면 행복하다는 말을 들어본 적 있지? 맞아, 돈이 있으면 맛있는 것도 먹고, 좋은 옷도 사고, 멋진 여행도 갈 수 있어. 그래서 우리는 종종 돈이 많으면 당연히 행복할 거라고 생각해.

그런데 진짜 그럴까?

돈은 분명 우리 삶을 편하게 해 주는 도구야. 필요한 걸 살 수 있고, 불편함을 줄여주지. 하지만 돈이 모든 문제를 해결해 주는 건 아니야. 서로 마음을 나눌 친구나 가족이 없으면 아무리 좋은 물건을 가져도 외롭고 허전할 수 있어.

심리학자들은 이렇게 말해. '돈이 많다고 꼭 행복한 건 아니지만, 최소한의 경제적인 안정은 행복을 위한 바탕이 된다.'고. 즉, 돈이 너무 부족하면 불행할 수 있지만, 일정 수준을 넘어서면 돈이 더 많아져도 행복은

돈은
우리 '삶'의
도구야.

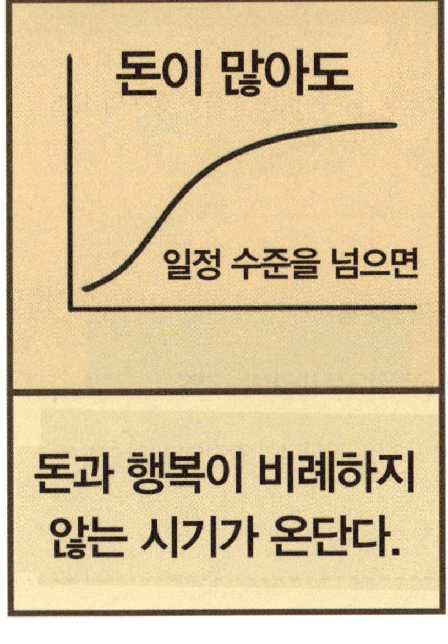

돈이 많아도
일정 수준을 넘으면
돈과 행복이 비례하지
않는 시기가 온단다.

진짜 행복은 관계,
자존감, 건강,
목표에서 오는 거야.

그만큼 따라오지 않는다는 거야. 가장 중요한 건, 돈보다 더 큰 행복의 조건은 '관계'와 '자존감', '건강', '목표' 같은 것들이야. 친구와의 진심 어린 대화, 가족과의 식사, 좋아하는 일을 할 수 있는 자유, 노력해서 성취한 경험들. 이런 것들은 돈으로 살 수 없는 진짜 행복의 재료지.

그래서 우리는 스스로에게 자주 물어봐야 해. '나는 왜 이걸 원하지?' '이걸 사면 정말 행복할까?' 이렇게 스스로 점검하다 보면, 진짜 내 마음을 들여다볼 수 있게 되고, 돈을 더 현명하게 쓰는 법도 알게 될 거야."

3) 이것만을 알고 가자!

⑴ 돈은 삶을 편리하게 해주는 수단일 뿐, 진정한 행복의 조건은 아니다.

⑵ 사람과의 관계, 건강, 꿈, 자존감 등은 돈으로 살 수 없는 소중한 행복의 요소이다.

- **심리적 안정** : 물질적인 안정이 주는 마음의 평온함.
- **자존감** : 스스로를 소중히 여기고 자신을 긍정적으로 바라보는 감정
- **행복의 상대성** : 행복은 사람마다 다르게 느끼는 주관적인 감정으로, 단순한 수치로 평가할 수 없다.

----

4) 이것만은 하고 가자!

• 아래 두 가지 목록을 행복의 저울에 작성해 보세요.

(1) 내가 생각하는 돈이 주는 행복

예시 : 사고 싶은 옷을 살 수 있다, 여행을 갈 수 있다, 고급 음식을 먹을 수 있다

→

(2) 돈 없이도 내가 느낀 행복 경험

예시 : 친구랑 웃으며 이야기한 시간, 가족과 본 영화, 열심히 준비한 발표 후 받은

　　　칭찬

→

(3) 두 리스트를 비교하며 어떤 것이 더 오래 기억에 남았는지, 왜 그런지 생각

해 보세요.

3. 돈과 행복의 황금 밸런스

흔히 돈이 많으면 행복할 거라고 여기지만, 일정 수준을 넘어서면 더

이상 돈 때문에 행복감이 커지지는 않는다. 중요한 건 '얼마나 갖느냐?' 가 아니라 '어떻게 쓰느냐?'이다. 돈은 행복의 조건이 아니라 행복을 실현하는 수단이다. 진짜 행복은 소유가 아니라 경험, 연결, 성장에서 생겨난다. 여기서는 돈을 모으는 기술뿐 아니라 돈을 행복하게 쓰는 기술도 배워보자.

1) 행복의 저울을 다시 재다

유리는 이번 시험에서 전 과목 평균 95점을 받았다. 평소보다 더 열심히 공부한 보람이 있었다. 엄마는 성적표를 보시고 백화점에 가자고 하셨다.

"우리 딸, 고생했으니까 갖고 싶은 거 사!"

유리는 순간 기뻤다. 새 운동화를 사고 싶었기 때문이다. 그런데 막상 백화점에서 쇼핑하다 보니 마음이 복잡했다. 사고 싶은 건 많았지만, 딱히 꼭 필요한 건 없었다. 결국 할인 중인 맨투맨 하나와 귀여운 모자를 골랐는데, 집에 와서 포장을 풀면서도 묘하게 공허했다.

며칠 뒤, 친구 하림이가 밥을 사겠다고 했다. 알고 보니 하림이는 며칠 전 할머니와 봉사활동에 다녀왔고 자원봉사자 우수 장학금을 받았다고 했다. 하림이는 깜짝 놀랐다.

"너 그 돈 써도 돼? 아껴야 하는 거 아냐?"

"근데 누군가랑 같이 맛있는 음식을 먹는 것도 의미 있을 것 같아!"

그날 이후 유리는 자꾸 '진짜 행복'이 무엇인지 생각하게 됐다. 물론 갖고 싶은 물건이나 예쁜 물건을 사는 것도 행복이다. 그런데 좋은 사람들과 기억에 남는 경험을 하는 것도 소중하다는 생각이 들었다.

2) 선생님 & 전문가의 말씀

"오늘은 행복과 돈의 균형이 중요하다는 말을 다시 한번 강조해 볼게. 한 연구에 따르면, 일정 수준 이상의 수입을 넘어서면 돈이 많다고 해서 행복도가 무조건 올라가지 않는다고 해. 그 이상은 '얼마나 많이 갖느냐?' 보다 '어떻게 쓰느냐?'가 더 중요하다는 거야.

돈은 행복의 조건이 아니라, 행복을 실현하는 하나의 수단이야. 돈이 많아도 관계나 건강이 나쁘고, 자존감이 낮으면 진짜 행복하긴 어려워.

만약 새 옷을 산다고 가정해 보자. 옷을 사는 기쁨과 친구와 좋은 시간을 보내는 기쁨, 어느 쪽이 더 오래 남았을까? 진짜 행복은 소유가 아니라 '경험', '연결', '성장' 같은 것과 더 가까워. 돈은 그걸 돕는 도구일 뿐이야. 그래서 우리가 배워야 할 건 돈을 모으는 기술뿐 아니라, 돈을 '행복하게 쓰는 기술'이야.

돈의 사용처를 고민할 때는 이렇게 스스로에게 물어보자.

'이 소비가 나에게 어떤 감정을 남길까?'
'이 지출이 내 삶을 더 풍요롭게 만들까?'

이렇게 돈과 행복 사이의 황금 밸런스를 맞추는 감각이 필요해. 이건 연습해야만 생기는 거야. 지금부터라도 연습해 보자."

돈을 행복하게 쓰는 기술

이 소비가 나에게
어떤 영향을 줄까?

이 활동이 내 삶을
풍요롭게 만들어 줄까?

이렇게 돈과 행복 사이의
밸런스를 맞추는 게 중요해.

얘들아, 지금부터라도
실천하고 연습해보자!

3) 이것만은 알고 가자!

돈은 행복의 조건이 아니라, 행복을 실현할 수 있도록 도와주는 도구이다.

물건을 사는 기쁨보다 사람과의 연결, 경험, 나눔에서 더 깊은 행복을 느낄 수 있다.

- **황금 밸런스** : 돈과 행복, 소비와 저축 등 인생에서 중요한 가치를 균형 있게 유

  지하는 상태

- **경험 소비** : 물건을 사는 대신 여행, 공연, 나눔 등 경험을 위해 돈을 쓰는 소비

  방식

- **소비 만족도** : 돈을 쓴 후 느끼는 심리적인 만족감이나 감정적인 보람

---

4) 이것만은 하고 가자!

활동 : 내 소비 성향 테스트(YES or NO)

- **해당되는 내용에 체크를 해보세요.**

☐ 나는 할인이라는 말에 쉽게 지갑을 연다.

☐ 친구가 산 걸 보면 나도 사고 싶어진다.

☐ 내가 사고 싶은 걸 살 때보다, 누군가를 위해 쓸 때 기쁘다.

☐ 오래 기억에 남는 소비는 대체로 '물건'보다는 '경험'이었다.

☞ YES가 3개 이상이면 '경험 중심형 소비자'

☞ NO가 많다면 '소유 중심형 소비자'일 수 있어요.

예시)

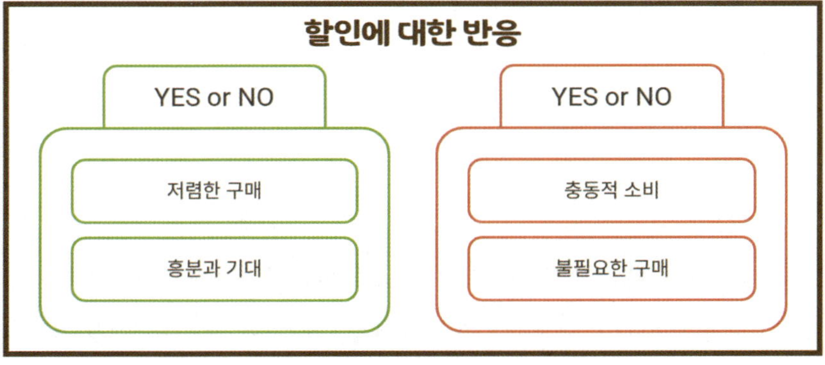

나만의 돈
&
직업 탐구 프로젝트

| 윤재한 |

우리는 매일 돈을 씁니다. 식사에 드는 식재료, 샤워할 때 쓰는 물, 스마트폰 이용 등 모두 돈과 관계된 일입니다. 돈이 없으면 한 달을 온전히 살아가기가 힘이 듭니다. 그래서 사람들은 돈을 벌기 위해 노력합니다. 돈은 직업과도 깊은 관련이 있어서 좋은 직업을 찾으려 합니다. 하지만 정작 돈이 어떻게 만들어지는지, 어떤 직업이 어떤 특징을 가지는지, 그리고 내가 벌어들인 돈이 어떻게 관리되는지에 대해서는 깊이 생각해 본 적이 없을 것입니다.

이 책에서는 단순히 '돈 많이 버는 직업'을 제시하고 있진 않습니다. 돈의 본질을 이해하고, 다양한 직업의 특성을 파악하며, 미래의 내 모습을 현실적으로 그려보는 일도 돈 공부에 해당합니다.

재미있는 돈 공부

민재, 돈에 눈을 번쩍 뜨다

'Part 2' 1장에서는 여러분은 경제적 사고력을 키우고, 진로에 대한 현명한 판단력에 대해 생각해 볼 것입니다. 때로는 놀라운 사실을 발견하고, 때로는 현실적인 고민에 빠질 수도 있습니다. 하지만 이 과정으로 여러분은 더 성숙한 경제적 자유인으로 성장할 것입니다.

이제 돈과 직업의 흥미진진한 세계로 떠나볼까요?

1. 우리 집 돈의 여행

1) 소득의 종류를 배우는 민재의 여름방학

'돈은 어떻게 버는 건가요?'

중학교 1학년 민재는 여름방학을 맞아 친구들과 아이스크림 가게에 들렀다. 평소처럼 맛있게 아이스크림을 먹고 있을 때, 옆 테이블에서 민재의 삼촌이 누군가와 대화를 나누고 있는 모습이 보였다.

돈이란
무엇일까?

돈이 있어야
생활을 할 수
있지 않나요?

맞아, 돈이 없으면
한 달을 온전히
살아가기 힘들지.

저는 어떤 직업을
가져야 할까요?

"저번 달에 노동소득이 좀 줄어서 걱정이네요. 초과근무를 많이 못했거든요."

민재는 궁금증이 생겨 친구들과 인사를 나눈 후 삼촌에게 다가갔다.

"삼촌, 안녕하세요! 방금 '노동소득'이라는 말을 들었는데, 그게 뭐예요?"

삼촌은 민재를 반갑게 맞이하며 말했다.

"오, 민재야! 잘 왔다. 소득의 종류를 알아두면 도움이 될 거야."

민재는 삼촌 옆에 앉았고, 삼촌의 친구 현우 삼촌도 반갑게 인사했다.

삼촌이 설명을 시작했다.

"민재야, 세상에는 크게 세 가지 소득이 있단다. 노동소득, 자본소득, 사업소득이지."

"노동소득은 뭐예요?"

민재가 물었다.

"노동소득은 네가 직접 일을 해서 버는 돈이야. 회사에 다니면서 받는 월급이나 아르바이트비 같은 거지. 내가 전자회사에서 받는 월급이 바로 노동소득이야. 쉽게 말해 내 시간과 노력을 팔아서 번 돈이라고 생각하면 돼."

현우 삼촌이 덧붙였다.

"나는 건물을 여러 채 가지고 있어서 월세를 받고 있어. 이건 내가 직접 일하지 않아도 내 재산이 벌어주는 돈이니까 '자본소득'이라고 하지."

"아, 그럼 자본소득은 내가 일하지 않아도 내 재산이 벌어주는 돈인가요?"

민재가 물었다.

"맞아! 똑똑하구나. 예를 들어, 은행에 돈을 넣어두고 받는 이자, 주식에 투자해서 받는 배당금, 건물 임대료 같은 게 자본소득이야."

"그럼 제가 나중에 크면 어떤 소득을 버는 게 좋을까요?"

현우 삼촌은 웃으며 대답했다.

"각각 장단점이 있어. 노동소득은 안정적이지만 내 시간을 많이 써야 해. 자본소득은 편하게 돈을 벌 수 있지만 처음에 큰 자본이 필요하지. 사업소득은 성공하면 큰돈을 벌 수 있지만 실패할 위험도 있어."

2) 선생님의 치트키!

"소득의 종류에 대해 쉽게 설명해 줄게요. 민재와 삼촌, 그리고 현우 삼촌의 대화를 떠올리면 이해가 쉬울 거예요. 노동소득은 내가 직접 일을 해서 버는 돈이입니다. 예를 들어, 회사에 다니면서 받는 월급이나 아르바이트로 받는 시급이 모두 노동소득이에요. 즉, 내 시간과 노력을 들여서 일한 대가로 받는 돈이지요.

자본소득은 내가 직접 일하지 않아도 내가 가진 재산이 벌어주는 돈입니다. 예를 들어, 은행에 돈을 넣어두고 받는 이자, 주식 투자로 받는 배당금, 건물 임대료 등이 있어요. 즉, 내가 가진 돈이나 건물, 주식 같은 자산이 돈을 벌어주는 것이 자본소득이예요.

사업소득은 내가 직접 가게나 회사를 운영해서 버는 돈입니다. 예를 들어, 카페를 열어서 손님에게 음료를 팔거나 음식점을 운영해서 얻는 수입이 사업소득이예요. 사업소득은 내가 사업을 시작해서 위험을 감수하고, 그 결과로 얻는 돈입니다. 사업에서 번 돈에서 재료비, 인건비 같은 비용을 빼고 남는 순수익이 바로 사업소득이지요.

노동소득은 안정적이지만 내 시간을 많이 써야 하고, 자본소득은 편하게 벌 수 있지만 처음에 큰 자본이 필요해요, 사업소득은 성공하면 큰돈을 벌 수 있지만 실패할 위험도 있답니다. 이 세 가지 소득의 차이를 잘 기억해 두면, 앞으로 네가 어떤 일을 하고 싶을지 생각할 때 도움이 될 것입니다."

3) 이것만은 알고 가자!

소득의 종류	어떻게 버는 돈인가?	예시
노동소득	직접 일해서 번 돈	월급, 아르바이트비
자본소득	재산이 돈을 벌어줌	이자, 배당금, 임대료
사업소득	사업을 운영해서 얻는 돈	카페 · 가게 운영 수입

4) 우리 함께 도전하자!

우리 가족의 소득은 어떤 종류가 있나요?

아래 표를 참고하여 해당되는 항목에 V 표시를 하고, 구체적인 예시(직업, 자산 등)를 적어보세요.

소득의 종류	가족	직업 및 자산
예) 노동소득	아버지	전자회사 직원, 월급
노동소득		
자본소득		
사업소득		

2. 직업별 돈 벌기 스타일 분석

1) 전공과 연봉 : 정말 연봉이 전공에 달렸을까?

고등학교 진학을 고민하다 민재는 선생님께 고민을 털어 놓았다.

"선생님, 저는 요즘 어떤 전공을 선택해야 나중에 돈을 많이 벌 수 있을지 고민돼요. 예전에는 의사나 변호사처럼 인기 있는 전공을 선택하면 연봉도 높았잖아요. 지금도 그런가요?"

선생님께서는 미소를 지으시며 말씀하셨다.

"좋은 질문이야, 민재야. 과거에는 의예과, 치의예과, 법학과 같은 전통적인 인기 전공이 의사, 변호사 같은 고소득 전문직으로 이어지는 경우가 많았어. 실제로 의약계열 전공자가 전공과 일치하는 직업을 가질 때 임금이 가장 높았고, 그다음이 공학, 사회과학 순이었지."

민재는 이어서 물었다.

"그럼 아직도 의사나 변호사가 가장 많이 버는 건가요?"

선생님께서 말씀하셨다.

"최근에는 전공과 연봉이 꼭 일치하지 않는 경우도 많아졌어. 의사나

변호사도 경쟁이 심해지고 영업 실적이 나빠져서 폐업하는 사례도 생기고 있어. 전공만으로 연봉이 보장되는 시대는 저물고 있지."

2) 선생님의 치트키!

〈표 1〉 전공별 주요 직업과 연봉 비교

전공	주요 직업	평균연봉(만 원)	특징
의예과	의사(병원 근무)	8,000~15,000	• 긴 수련 기간 필요 • 높은 사회적 책임 • 지속적인 공부 필요
	의사(개원)	12,000~30,000+	• 초기 투자 비용 큼 • 경영 능력도 필요
약학과	병원 약사	4,500~6,000	• 안정적인 근무환경 • 전문성 인정받음
	약국 약사	5,000~8,000	• 지역별 차이 큼 • 개인 약국 운영 시 변동
전자공학과	대기업 엔지니어	6,000~12,000	• 기술 변화 빠름 • 지속적 학습 필요
	IT 스타트업 개발자	4,000~15,000+	• 회사 성공에 따라 큰 변동 • 젊은 나이에 고수입 가능
	반도체 엔지니어	7,000~15,000	• 전문성 높음 • 해외 진출 기회 많음
사회과학 계열	공무원(7급)	3,500~5,000	• 안정적이고 꾸준함 • 복리후생 좋음
	언론인 / 기자	4,000~8,000	• 영향력 있는 일 • 불규칙한 근무시간
	컨설턴트	6,000~20,000+	• 경험과 실력에 따라 큰 차이 • 프로젝트별 수입 변동

"같은 전공이어도 직업에 따라 연봉과 일의 특징이 크게 다릅니다. 가령 의사도 병원에서 일하느냐, 직접 병원을 운영하느냐에 따라 연봉이 많

이 달라지고, 약사도 약국을 직접 운영하면 더 많은 수입을 얻을 수 있지요. 전자공학과처럼 기술 변화가 빠른 분야는 계속 공부해야 하고, 사회과학계열은 안정성이나 영향력 등 다양한 장점이 있어요. 여러분이 앞으로 진로를 고민할 때, 관심 있는 분야의 직업과 그 특징, 연봉, 필요한 역량까지 함께 생각해 보면 좋겠어요."

<표 2> 새롭게 떠오르는 직업 연봉 비교표

직업	세부 분야	평균 연봉 (만 원)	수입 범위	특징
유튜브 크리에이터	교육 콘텐츠	2,000~8,000	0~수억	• 구독자 수에 따라 큰 차이 • 광고수익 + 후원 + 협찬 • 매우 불안정한 수입
	엔터테인먼트	3,000~15,000+	0~수십억	• 바이럴 콘텐츠 시 폭발적 수익 • 트렌드 변화에 민감
	브이로그 / 일상	1,000~5,000	0~수천만	• 꾸준한 업로드 필요 • 개인 브랜딩 중요
AI 개발자	빅테크 기업	8,000~20,000+	6,000~ 3억+	• 전 세계적으로 인재 부족 • 스톡옵션 포함 시 수익 급증 • 지속적 기술 학습 필수
	AI 스타트업	5,000~15,000	3,000~ 수억	• 회사 성공 시 큰 보상 • 실패 위험도 높음
	프리랜서	6,000~12,000	2,000~ 수천만	• 프로젝트별 수입 변동 • 개인 실력에 전적으로 의존
코인 채굴자	대규모 채굴장 운영	-2,000~10,000	-수천만~ 수억	• 전기요금과 코인 가격에 좌우 • 초기 투자 비용 매우 큼
	개인 채굴	-1,000~3,000	-수백만~ 수천만	• 대부분 적자 또는 소액 수익 • 장비 교체 비용 고려 필요
	채굴풀 운영	1,000~8,000	-수백만~ 수억	• 수수료 수익 모델 • 기술적 전문성 필요

3) 이것만은 알고 가자!

[미래직업과 연봉*]

제시한 직업의 경우 극단적인 수입 격차와 높은 불안정성을 포함함.

평균의 함정 : 소수의 성공사례가 평균을 크게 끌어올려서, 실제 대부분 사람들의 수입은 평균보다 훨씬 낮음.

보이지 않는 비용 : 겉으로 보이는 수익과 실제 순수익은 다름.

지속가능성 : 오랫동안 유지하기 어려운 경우가 많음.

새로운 직업에 대한 환상보다는 현실적인 시각을 갖고, 어떤 분야든 성공하려면 꾸준한 노력과 전문성이 필요함.

- 용어 정리 -

***연봉** : 일 년 동안에 받는 봉급의 총액

중요한 것은 '전공' 자체보다는, 세상의 트렌드를 읽고 남들과 차별화된 희소한 역량을 키우는 것이다. 예를 들어, AI 개발자처럼 최신 기술을 빠르게 배우고, 유튜브 크리에이터처럼 자신만의 콘텐츠를 만들어내는 능력이 필요하다. 누구나 할 수 있는 일보다는, 몇 명만이 할 수 있는 특별한 역량을 갖추는 것이 앞으로 고소득을 유지하는 비결이다.

4) 이것만은 하고 가자!

직업	분야	평균 연봉	수입	특징
문화 예술	가수	2,000~10,000+	0~수십억	유명세와 실력에 따라 천차만별 수입원은 음원 판매 수입, 행사 수입, 저작권 수입 등 한번의 침체로도 은퇴

3. 월급 VS 매출 VS 수익, 무엇이 다를까?

1) 세금 세계를 여행하는 민재의 특별한 수업

중학교 2학년 민재는 지난번에 배웠던 소득의 종류에 대한 발표로 선생님께 칭찬을 받은 후, 경제에 더 관심이 생겼다. 특히 삼촌의 대화에 언급되었던 세금에 대해 궁금증이 커져 삼촌에게 전화했다.

"삼촌, 지난번에 알려주신 소득 종류에 대해 발표했더니 선생님이 정말 칭찬해주셨어요! 그런데 세금에 대해서도 더 알고 싶어요. 특히 노동소득과 사업소득에 세금이 어떻게 다른지요?"

삼촌은 기쁜 목소리로 대답했다.

"민재야, 네가 관심을 가져서 기쁘구나! 자세히 설명해줄게. 세금 얘기를 하기 전에 가상의 시나리오를 생각해 보자."

삼촌이 말했다.

"똑같이 1억 원을 버는 두 사람이 있어. 한 명은 회사원으로 노동소득을 받고, 다른 한 명은 사업자로서 사업소득을 받는 거지. 이 두 사람이 실제로 얼마나 세금을 내는지 비교해볼까?"

민재가 호기심 어린 눈으로 물었다.

"1억이면 정말 많은 돈인데, 세금도 많이 내겠네요?"

현우 삼촌이 웃으며 말했다.

"그럼! 근데 같은 1억이라도 어떤 형태로 버느냐에 따라 내는 세금이 달라. 자, 내가 준비해온 표를 보자."

〈표 3〉 노동소득과 사업소득 세금 비교 – 1억 원 기준

구분	노동소득	사업소득(법인)
총수입	1억 원	1억 원
필요경비 / 소득공제	근로소득공제 : 1,600만 원 (1억 원 × 20% + 1,200만 원)	필요경비 : 5,000만 원 (매출액의 50% 가정)
과세표준 산출 전 소득	8,400만 원	5,000만 원
인적공제	기본공제 : 150만 원 연금보험료공제 : 230만 원 건강보험료공제 : 180만 원 기타공제 : 100만 원	해당 없음
과세표준	7,740만 원	5,000만 원
세율	누진세율 적용 -4,600만 원까지 : 720만 원 나머지 3,140만 원 × 35% : 1,099만 원	법인세율 적용 2억 원 이하 : 10%
산출세액	1,819만 원	500만 원
세액공제 / 감면	근로소득세액공제 : 50만 원 자녀세액공제 : 30만 원 기타 세액공제 : 20만 원	중소기업 세액감면 : 150만 원(30%) R&D 투자세액공제 : 50만 원
결정세액	1,719만 원	300만 원
지방소득세	172만 원(소득세의 10%)	30만 원(법인세의 10%)
4대보험료 (근로자 부담분)	국민연금 : 450만 원 건강보험 : 350만 원 고용보험 : 70만 원 산재보험 : 부담 없음	개인부담 4대보험(대표자) 국민연금 : 450만 원 건강보험 : 350만 원 직원 고용 시 별도 부담
총 공제액	2,761만 원	1,130만 원
실수령액	7,239만 원	8,870만 원
실효세율	약 27.61%	약 11.30%

"음……. 노동소득은 세금이랑 4대 보험료까지 합치면 거의 2,800만 원을 떼어가는데, 사업소득은 1,300만 원밖에 안 떼어가네요? 왜 이렇게 차이가 많이 나나요?"

아버지께서 설명해 주셨다.

"노동소득은 네가 월급을 받기 전에 회사에서 소득세, 지방소득세, 국민연금, 건강보험, 고용보험, 산재보험 등을 미리 떼고 나머지를 주는 거란다. 우리가 월급명세서를 볼 때 '공제액'이라고 표시된 부분이지."

"그럼 사업소득은 어떤가요?"

민재가 물었다.

현우 삼촌께서 설명해 주셨다.

"사업소득은 좀 다르단다. 일단 총수입에서 사업에 필요한 비용을 뺀 나머지에 대해 세금을 계산해. 그리고 사업을 하면 투자나 고용 창출에 대한 세제 혜택도 받을 수 있어. 특히 중소기업이라면 세액감면도 받는단다."

민재는 그제서야 이해가 되기 시작했다.

"음……. 그래서 같은 1억을 벌어도 사업을 하면 세금을 덜 내는 거군요!"

삼촌께서 고개를 끄덕였다.

"맞아! 하지만 사업소득이 항상 유리한 건 아니야. 사업은 리스크가 있거든. 적자가 나면 수입은 없어도 사업장 유지비용이나 직원 급여는 계속 지출해야 하니까. 노동소득은 그런 면에서 안정적이지.”

2) 선생님의 치트키!

“노동소득은 회사에서 받는 월급을 말합니다. 월급을 받기 전에 회사에서 소득세, 지방소득세, 국민연금, 건강보험, 고용보험, 산재보험 등을 미리 떼고 나머지를 지급합니다. 월급명세서에서 ‘공제액’이라고 표시된 부분이 바로 이것입니다. 예를 들어 연간 1억 원을 벌 경우, 세금과 4대 보험료를 합쳐서 약 2,800만 원 정도를 떼어갑니다. 노동소득의 가장 큰 장점은 안정성입니다. 매달 일정한 월급을 받을 수 있어 경제적으로 예측 가능합니다.

사업소득은 사업을 통해 얻는 수입입니다. 노동소득과는 계산 방식이 다릅니다. 총수입에서 사업에 필요한 비용을 뺀 나머지에 대해 세금을 계산합니다. 또한 사업을 하면 투자나 고용 창출에 대한 세제 혜택을 받을 수 있으며, 특히 중소기업이라면 세액감면 혜택도 받습니다.

같은 1억 원을 벌어도 사업소득의 경우 약 1,300만 원 정도만 세금으로 납부하게 됩니다. 이는 노동소득에 대한 세금에 비해 상당히 적은 금액입니다.

사업소득의 장점은 세금 부담이 상대적으로 적습니다. 다양한 세제 혜택을 받을 수 있습니다. 큰 성공을 거둘 가능성이 있습니다

단점은 사업에는 리스크가 따릅니다. 적자가 나면 수입은 없어도 사업장 유지비용이나 직원 급여는 계속 지출해야 합니다. 수입이 불안정할 수 있습니다.

사업소득이 유리해지는 기준은 일반적으로 연간 5천만 원부터 8천만 원 사이에서부터 사업소득이 세금 측면에서 유리해지기 시작합니다. 1억 원이 넘어가면 그 차이가 더욱 커집니다. 하지만 세금만으로 판단해서는 안 됩니다. 사업은 불확실성과 책임이 따르기 때문입니다.

결론은 직업을 선택할 때는 단순히 세금만 고려하는 것이 아니라, 개인의 성향과 능력, 그리고 리스크를 감수할 수 있는 정도를 종합적으로 고려해야 합니다. 노동소득은 안정적이지만 세금 부담이 크고, 사업소득은 세금 부담은 적지만 불확실성이 크다는 점을 잘 이해하고 현명한 선택을 해야 합니다."

다음 날, 민재는 경제 동아리 시간에 자신이 배운 내용을 친구들에게 발표했다. 민재는 집으로 돌아와 일기장에 썼다.

'오늘 나는 세금의 세계를 여행했다. 같은 돈을 벌어도 어떻게 버느냐에 따라 최종적으로 내 통장에 남는 금액이 다르다는 걸 알았다. 하지만 돈보다 더 중요한 건 내가 즐겁게 할 수 있는 일을 찾는 것이라고 생각한다. 언젠가 나도 내 적성에 맞는 일을 찾아 행복하게 일하면서도 세금을 현명하게 관리할 수 있는 어른이 되고 싶다.'

3) 이것만은 알고 가자!

노동소득과 사업소득의 주요 차이점

① 과세 방식 :

– 노동소득 : 원천징수로 선공제* 후 지급(매달 세금 자동 납부)

– 사업소득 : 필요경비 공제 후 납세 신고(연 1회 또는 분기별 직접 납부)

② 소득공제 대상 :

– 노동소득 : 인적공제, 특별소득공제 등 다양한 공제 적용

– 사업소득 : 사업 관련 지출만 필요경비로 인정

③ 세액감면 :

– 노동소득 : 근로소득세액공제 등 개인 상황 기반 공제

– 사업소득 : 중소기업 세액감면, 투자 / 고용 관련 공제 등 사업활동 기반 공제

④ 4대보험 :

– 노동소득 : 회사와 근로자가 분담하여 의무적으로 가입

– 사업소득 : 사업자 본인은 선택적으로 가입 가능(직원 고용 시 회사 부담분 발생)

근로소득, 사업소득, 이자소득, 배당소득, 연금소득, 기타소득(재산소득, 이전소득, 지식소득)

⑤ 사업소득이 유리한 구간

– 연 소득 5,000만 원~8,000만 원 : 노동소득과 사업소득의 세금 차이가 눈에 띄기 시작

– 연 소득 1억 원 이상 : 앞의 표와 같이 약 1,600만 원 이상의 세후 소득 차이 발생

– 연 소득 1억 5천만 원 이상 : 노동소득 누진세율(35~45%)로 인해 세금 격차가

　커짐.

- 용어 정리 -

***공제** : 받을 몫에서 일정한 금액이나 수량을 뺌.

- -

4) 이것만은 하고 기자!

나의 미래 소득에 대한 세금 조사하기

아래 QR코드를 이용, 나의 연봉과 근로소득세, 법인세를 계산하여 비교해 보자.

구분	연봉계산기	근로소득세 계산기
결정세액		
총공제액		
실수령액		
비교결과 나의 생각		

2장

AI 시대, 어떤 직업이 살아남을까?

사회 변화의 양상이 점점 더 빨라지고 예측 불가능해지고 있습니다. 역사를 되돌아보면, 인류는 항상 변화와 함께 살아왔습니다.

AI 시대도 마찬가지입니다. 어떤 일자리는 사라지겠지만, 동시에 우리가 상상하지 못했던 새로운 직업들이 탄생할 것입니다.

세상의 변화를 이해하고, 미래에 어떤 기회가 있을지 탐색해봐야 합니다. 다양한 분야에서 성공한 사람들의 이야기를 통해 좋아하는 일을 직업으로 만들어가는 비법을 찾아봅니다.

자, 이제 함께 떠나볼까요? 변화하는 세상에서 나만의 길을 찾는 모험을!

1. AI로 대체 안 되는 직업이 있다?!

1) 민재의 자기 이해 여행

"할아버지, 앞으로 어떤 직업이 인기 있을까요?"

"민재야, 미래를 준비하는 것도 중요하지만, 가장 먼저 해야 할 일이 있단다. 바로 '나 자신'을 아는 것이지."

"나 자신을 안다는 게 뭐예요, 할아버지?"

"음, 예를 들어보자. 민재는 어떤 일을 할 때 가장 즐거워하니? 수학 문제를 풀 때? 그림을 그릴 때? 아니면 친구들과 이야기할 때?"

민재는 잠깐 생각해보았다.

"음……. 저는 친구들과 함께 문제를 해결할 때 가장 재미있어요. 그리고 새로운 것을 배우는 것도 좋아하고요."

할아버지는 미소를 지으며 계속 말씀하셨다.

"바로 그거야! 이런 것들을 '자기 이해'라고 한단다. 자기 이해에는 여러 가지가 포함되어 있어.

첫째, 장점을 아는 것이지. 민재는 다른 사람들과 잘 협력하고, 배우려는 의지가 강하다는 장점이 있구나. 이런 장점을 알면 어떤 직업이 나에게 맞을지 짐작할 수 있어.

둘째, 취미와 특기야. 민재가 평소 즐겨 하는 일들, 남들보다 잘하는 일들을 생각해보렴. 이것들이 나중에 직업으로 연결될 수도 있거든.

셋째, 가치관이 중요해. 민재는 돈을 많이 버는 것이 중요해? 아니면 다른 사람들을 돕는 것이 더 중요해? 이런 가치관에 따라 선택하는 직업이 달라질 수 있단다."

AI 시대에
어떤 직업이
살아남을까?

사회 변화가 점점
빨라지고 예측도
어렵잖아.

맞아, 그래도 결국
인간은 새로운 기회를
찾아내고 더 창의적인
일을 해왔지.

AI 시대에도 분명
새로운 직업들이
생겨 날거야.

가장 중요한 건
무엇부터 하는 걸까?

2) 선생님의 치트키!

민재의 사회 선생님은 경제학의 비교우위 개념을 들어 자기 이해의 중요성을 설명했다. 비교우위란 각자가 가장 잘할 수 있는 일에 집중할 때 전체적으로 더 큰 성과를 낼 수 있다는 개념이다. 개인 차원에서도 마찬가지로, 자신의 장점과 특기를 잘 알고 그것을 활용할 수 있는 분야를 선택하면 더 큰 성취를 이룰 수 있다. 또한 자신이 좋아하는 일을 직업으로 삼으면 더 열정적으로 일할 수 있고, 결국 경제적으로도 더 나은 결과를 얻을 가능성이 높아진다.

민재는 할아버지와 선생님의 말씀을 듣고 중요한 깨달음을 얻었다. 미래에 어떤 직업이 뜰지만 생각할 것이 아니라, 먼저 자신이 누구인지, 무엇을 좋아하고 잘하는지를 알아야 한다는 것이다. 그날부터 민재는 자기 자신에 대해 더 깊이 생각해보기 시작했다. 어떤 과목을 공부할 때 가장 집중이 잘 되는지, 어떤 활동을 할 때 시간 가는 줄 모르는지, 어떤 가치를 중요하게 여기는지 하나씩 정리해보았다. 결론은 자기 이해가 진로 선택의 출발점이고 돈 공부의 시작이다.

3) 이것만은 알고 가자!

- 자기 이해가 진로 선택의 출발점임.

- 자신의 강점을 살리는 것이 경제적 가치를 높이는 일임.

- 장점, 취미, 특기, 가치관*이 진로 선택에 영향을 미침.

- 미래 변화에 대응하는 방법으로서 자기 이해가 전제되어야 함.

- 용어 정리 -

***가치관** : 가치에 대한 관점. 인간이 자기를 포함한 세계나 그 속의 사상(事象)에

대하여 가지는 평가의 근본적인 태도

4) 우리 함께 도전하자!

현 미국 야구 메이저리그의 홈런 50개, 도루 50개 등의 전설적인 커리어를 쌓고 있는 야구선수 오타니 쇼헤이의 만다라트이다. 자신의 목표를 세분화하고 이를 달성하기 위한 세부목표를 정하여 책임감 있게 실천한 결과 그는 역대급 기록을 매년 쌓아가는 선수로 여겨지고 있다. 오타니 쇼헤이의 만다라트를 여러분도 만들어서 실천해 보는 건 어떨까?

몸관리	영양제 먹기	FSQ 90kg	인스텝 개선	몸통 강화	축 흔들지 않기	각도를 만든다	위에서부터 공을 던진다	손목 강화
유연성	몸 만들기	RSQ 130kg	릴리즈 포인트 안정	제구	불안정 없애기	힘 모으기	구위	하반신 주도
스테미너	가동역	식사 저녁7술갈 아침3술갈	하체 강화	몸을 열지 않기	멘탈을 컨트롤	볼을 앞에서 릴리즈	회전수 증가	가동력
뚜렷한 목표·목적	일희일비 하지 않기	머리는 차갑게 심장은 뜨겁게	몸 만들기	제구	구위	축을 돌리기	하체 강화	체중 증가
핀치에 강하게	멘탈	분위기에 휩쓸리지 않기	멘탈	8구단 드래프트 1순위	스피드 160km/h	몸통 강화	스피드 160km/h	어깨주변 강화
마음의 파도를 안만들기	승리에 대한 집념	동료를 배려하는 마음	인간성	운	변화구	가동력	라이너 캐치볼	피칭 늘리기
감성	사랑받는 사람	계획성	인사하기	쓰레기 줍기	부실 청소	카운트볼 늘리기	포크볼 완성	슬라이더 구위
배려	인간성	감사	물건을 소중히 쓰자	운	심판을 대하는 태도	늦게 낙차가 있는 커브	변화구	좌타자 결정구
예의	신뢰받는 사람	지속력	긍정적 사고	응원받는 사람	책읽기	직구와 같은 폼으로 던지기	스트라이크 볼을 던질 때 제구	거리를 상상하기

〈그림 1〉 야구선수 오타니 쇼헤이의 만다라트

자기 이해를 바탕으로 나의 직업과 돈에 대한 만다라트를 작성해 봅시다.

	세부 목표 #1			세부 목표 #2			세부 목표 #3	
			세부 목표 #1	세부 목표 #2	세부 목표 #3			
세부 목표 #4			세부 목표 #4	핵심 목표	세부 목표 #5		세부 목표 #5	
			세부 목표 #6	세부 목표 #7	세부 목표 #8			
	세부 목표 #6			세부 목표 #7			세부 목표 #8	

〈그림 2〉 나만의 만다라트 만들기

2. 미래 직업 탐험대

1) 사라지는 직업과 뜨는 직업

자기 이해의 중요성을 깨달은 민재는 또 다른 궁금증이 생겼다.

"그럼 앞으로 사라질 직업도 있나요?"

아버지께서 말씀하셨다.

"민재야, 아버지가 어렸을 때만 해도 동네마다 사진관이 있었단다. 그런데 지금은 어떠니? 스마트폰으로 누구나 사진을 찍을 수 있게 되면서 전통적인 사진관은 많이 사라졌지."

"그럼 사진사들은 어떻게 되었어요?"

"똑똑한 사진사들은 변화에 적응했어. 웨딩 전문 사진사가 되거나, 인터넷에서 사진 편집 서비스를 하거나, 유튜브에서 사진 강의를 하는 식으로 말이야. 기술이 발달하면서 없어지는 일도 있지만, 새로운 기회도 생기는 거란다."

엄마도 한마디 보탰다.

"요즘 은행에 가보면 예전과 많이 달라졌어. 창구 직원 수는 줄어들었지만, 대신 ATM과 인터넷 뱅킹이 발달했지. 하지만 복잡한 금융 상품을 상담해주는 전문가나 개인 맞춤형 서비스를 제공하는 직원들의 역할은 오히려 더 중요해졌어."

"그럼 완전히 사라지는 게 아니라 바뀌는 거네요?"

"맞아. 기계가 할 수 있는 단순 반복적인 일은 줄어들지만, 사람만이 할 수 있는 창의적이고 감정적인 일들은 더욱 중요해지고 있어."

할머니는 더 긴 시간의 변화를 들려주셨다.

"할머니가 젊었을 때는 물장수, 얼음장수, 우물파는 사람 같은 직업들이 있었단다. 상수도가 발달하면서 이런 직업들은 사라졌지. 하지만 그 대신 상수도 시설을 관리하고 수질을 검사하는 새로운 직업들이 생겼어.”

불과 60년 사이에 달라진 일들이라니 신기하다는 생각이 들었다.

2) 선생님 & 전문가의 말씀

“‘사라지는 직업과 뜨는 직업을 구분하는 능력이 왜 중요할까요?’

첫째, 이런 능력이 있으면 미래를 대비한 현명한 진로 선택을 할 수 있습니다. 그리고 변화하는 직업 환경에 능동적으로 적응할 수 있는 준비를 할 수 있습니다. 게다가 불확실한 미래에 대한 불안감을 줄이고 자신감을 가질 수 있습니다.

둘째, 다양한 정보를 수집하고 분석하는 습관을 기르세요. 뉴스, 전문 서적, 온라인 자료 등을 통해 산업 동향을 파악하고, 정부의 정책 방향이나 기업들의 투자 현황을 살펴보세요. 이런 정보들은 미래 직업을 예측하는 중요한 단서가 됩니다.

셋째, 현장 전문가들과의 만남을 적극적으로 활용하세요. 다양한 분야에서 일하는 어른들과 대화를 나누고, 그들의 경험과 전망을 들어보세요. 직업 박람회나 진로 특강에 참여하는 것도 좋은 방법입니다. 실제 현장에서 일하는 사람들의 생생한 이야기는 책에서 얻을 수 없는 귀중한 정보입니다.

넷째, 융합적 사고능력을 기르세요. 미래의 직업은 여러 분야가 결합된 융합형 직업이 될 가능성이 높습니다. 예를 들어, 의료와 IT*가 결합된 의료정보학자, 교육과 기술이 결합된 에듀테크 전문가 같은 직업들이 그런 예입니다. 따라서 한 분야에만 매몰되지 말고 다양한 분야에 관심을 갖고 연결점을 찾아보세요.

다섯째, 인간만이 가진 고유한 능력들을 개발하세요. 아무리 기술이 발전해도 창의성, 공감 능력, 의사소통 능력, 문제 해결 능력 등은 여전히 인간의 고유 영역입니다. 이런 능력들을 꾸준히 기르면 어떤 직업을 선택하든 성공할 수 있는 기반을 마련할 수 있습니다.

여섯째, 평생학습의 자세를 가지세요. 미래의 직업 세계는 빠르게 변화하기 때문에 한 번 배운 지식으로는 평생 버틸 수 없습니다. 새로운 것을 배우는 것을 즐기고, 변화를 두려워하지 않는 마음가짐을 가지세요. 어떤 변화가 와도 기회로 만들 수 있을 것입니다."

3) 이것만은 알고 가자!

- **사라지거나 줄어드는 직업들**

- 단순한 자료 입력 업무 – 반복적인 제조업 작업

- 기계적인 계산이나 번역 업무 – 정형화된 패턴이 있는 업무들

- **뜨는 직업을 찾기 위한 역량**

– 사회 변화 흐름 관찰 – 정보 수집 및 분석 습관

– 현장 전문가와의 만남 – 융합적 사고능력 개발

– 인간 고유 능력 개발 평생학습의 자세

- 용어 정리 -

***트렌드** : 사상이나 행동 또는 어떤 현상에서 나타나는 일정한 방향

***IT** : 인터넷의 성장으로 발달한 새로운 영역으로서 컴퓨터 하드웨어, 소프트웨어,

통신장비 관련 서비스와 부품을 생산하는 산업의 통칭

----

4) 우리 함께 도전하자!

아래 사이트를 활용하여 융합 직업에 대해 생각해 봅시다.

커리어넷	원격영상 진로멘토링	온라인 창업 체험교육 플랫폼	꿈길	청소년 활동정보 서비스	고입 정보 포털

• 사회변화에 따른 새로운 직업 생각해보기

아래 키워드를 보고, 각각이 어떤 새로운 직업을 만들어낼지 생각해보세요.

사회 변화 트렌드	예상되는 새로운 직업
인공지능(AI) 발전	예) AI 트레이너
고령화 사회	
환경 보호	
온라인 교육 확산	
사회 변화 트렌드	예상되는 새로운 직업
1인 가구 증가	
가상현실(VR / AR) 기술	

• 융합형 직업 상상하기

나만의 융합 직업 만들기

관심 있는 분야 2개를 조합해서 새로운 직업을 만들어보세요.

조합 1 : ____________ + ____________ = ________________________

이 직업이 하는 일 : ________________________________

조합 2 : ____________ + ____________ = ________________________

이 직업이 하는 일 : ________________________________

3. 나만의 재능 보물찾기

슬기로운 중학생 돈 공부

1) 나의 재능은 돈이 된다

민재는 학교 진로체험 행사에서 여러 직업인을 만날 기회가 있었다. 운동선수, 피아니스트, 화가, 비보이, 가수, 엔지니어, 변호사 등 다양한 분야의 전문가들이 자신의 경험을 들려주었다.

중학교 2학년 민재는 평소 자신의 미래에 대해 막연한 걱정을 안고 살았다. '나는 뭘 잘하지? 내 꿈은 뭐지?' 하는 생각들이 머릿속을 맴돌았

다. 그런 민재에게 특별한 기회가 찾아왔다. 학교에서 열린 진로체험 행사였다.

"오늘은 여러 분야의 전문가분들이 여러분을 만나러 오셨습니다. 이분들의 이야기를 들으며, 여러분도 자신의 꿈에 대해 생각해보는 시간을 가져보세요."

선생님의 말씀이 끝나자, 체육관에는 여섯 명의 특별한 손님들이 등장했다.

2) 선생님의 치트키!

(1) 축구선수 출신 김 코치님의 이야기

첫 번째로 나선 분은 넓은 어깨와 건강한 체격의 김 코치님이었다.

"안녕하세요, 여러분! 저는 프로축구선수로 10년간 활동했던 김 코치입니다."

그의 밝은 목소리가 체육관을 가득 채웠다.

"저도 어릴 때는 그냥 공차기를 좋아하는 평범한 아이였어요. 친구들과 운동장에서 공만 차면 하루가 금세 지나갔죠. 부모님은 '공만 차면 뭐가 되냐?'고 걱정하셨지만, 저는 축구가 너무 좋았어요."

김 코치님은 잠시 멈춘 후 계속했다.

"매일 새벽 6시에 일어나 훈련하고, 비가 와도 눈이 와도 연습장에 나갔어요. 힘들었지만 공을 찰 때마다 행복했죠. 그렇게 노력한 결과, 프로 선수가 될 수 있었고, 은퇴한 지금은 어린이 축구교실을 운영하며 한 달에 300만 원 정도의 수입을 얻고 있어요. 제가 좋아하던 일이 제 직업이 되고, 생계수단이 된 거죠."

민재는 김 코치님의 이야기에 귀를 기울였다.

'좋아하는 일이 정말 돈이 될 수 있구나.'

(2) 피아니스트 박 선생님의 멜로디

두 번째로 나선 분은 우아한 자세의 피아니스트 박 선생님이었다.

"저는 클래식 피아니스트 박소영입니다."

그녀의 목소리는 마치 아름다운 선율처럼 들렸다.

"처음 피아노를 접한 건 여섯 살 때였어요. 엄마가 취미로 배우라고 하셨는데, 건반을 누를 때마다 나오는 소리가 마법 같았어요. 다른 아이들이 만화를 볼 때, 저는 피아노 앞에 앉아 있었죠."

박 선생님은 손가락을 우아하게 움직이며 말을 이어갔다.

"하루에 4~5시간씩 연습했어요. 손가락이 아프고, 때로는 울고도 싶었지만, 아름다운 음악을 만들어내는 기쁨이 더 컸어요. 대학교 때 국제 콩쿠르에서 2등을 했고, 지금은 연주회를 열고 개인레슨을 하며 월 400만 원 정도 벌고 있어요. 제 음악을 사랑해주는 분들 덕분에 꿈을 이루며 살아가고 있답니다."

(3) 화가 이 선생님의 색깔 있는 인생

세 번째는 물감이 묻은 앞치마를 입은 화가 이 선생님이었다.

"안녕하세요, 화가 이현수입니다."

그의 손에는 여전히 물감 자국이 남아있었다.

"저는 어릴 때부터 그림 그리는 걸 좋아했어요. 교과서 여백에, 시험지 뒷면에, 심지어 책상 위에도 그림을 그렸죠. 선생님들께 혼나기도 했지만, 그림 그릴 때만큼은 세상이 아름다워 보였어요."

이 선생님은 가방에서 작은 스케치북을 꺼내 보여주었다.

"매일 스케치북을 들고 다니며 보이는 모든 것을 그렸어요. 나무, 구름, 사람들의 표정까지 말이죠. 20대에는 생활이 어려워서 아르바이트를 하면서도 그림을 놓지 않았어요. 지금은 개인전을 열고, 그림을 판매하며, 미술학원에서 강의도 해요. 한 달에 350만 원 정도 수입이 있어서 좋아하는 일로 생활할 수 있게 됐죠."

(4) 비보이 최 선생님의 열정적인 춤

네 번째로 나선 분은 힙합 모자를 쓴 젊은 비보이 최 선생님이었다.

"안녕하세요, 비보이 최동혁입니다!"

그러면서 브레이킹 동작을 선보였다.

"중학교 때 우연히 본 비보이 공연에 완전히 매료됐어요. 그날부터 거울 앞에서, 바닥에서, 어디에서든 춤을 췄죠. 부모님은 '춤춰서 뭐 먹고 사냐?'고 걱정하셨지만, 저는 춤출 때가 가장 자유롭고 행복했어요.”

최 선생님은 잠깐 몸을 풀며 계속했다.

“하루에 6시간씩 연습했어요. 무릎이 까지고, 손목이 아파도 멈추지 않았죠. 그 결과 국내외 대회에서 우승하게 됐고, 지금은 공연활동과 TV 출연, 댄스학원 운영으로 월 500만 원 정도 벌어요. 제가 사랑하는 춤이 제 인생을 바꿔준 거예요.”

(5) 자동차 엔지니어의 꿈을 향한 설계

다섯 번째로 마이크를 잡은 분은 “안녕하세요, 자동차 엔지니어 이민수입니다.”라고 또렷하고 활기찬 목소리로 학생들에게 인사했다.

“저는 어릴 때부터 자동차를 정말 좋아했어요. 장난감 자동차를 분해하고 다시 조립하는 게 가장 재미있는 놀이였죠. 중학교 때는 직접 작은 모형차를 만들어보기도 했어요. 고등학교 때 자동차 동아리에 들어가면서, 자동차가 어떻게 만들어지고 움직이는지 더 깊이 배우고 싶다는 생각이 들었어요. 그때부터 자동차 엔지니어가 되고 싶다는 꿈을 키웠죠.”

이 엔지니어님은 학생들을 바라보며 진지하게 이야기를 이어갔다.

“공대에 진학해서 기계공학을 전공했어요. 공부가 쉽지는 않았지만, 자동차에 대한 열정 덕분에 어려운 과목도 포기하지 않고 끝까지 해낼 수 있었습니다. 졸업 후에는 자동차 회사에 입사해 다양한 자동차 개발 프로젝트에 참여했어요. 새로운 엔진을 설계하거나 전기차의 성능을 높이는 일도 했죠. 지금은 자동차 엔지니어로서 월평균 600만 원 정도의 수입이 있지만, 무엇보다도 내가 만든 자동차가 도로 위를 달릴 때 가장 큰 보람을 느껴요."

(6) 김 변호사님의 꿈을 향한 변론

여섯 번째로 말씀하신 분은 믿음직한 미소의 김 변호사님이었다.

"안녕하세요, 변호사 김지훈입니다."

그는 또렷한 목소리로 학생들에게 인사했다.

"저는 어릴 때부터 정의로운 이야기를 좋아했어요. 친구들 사이에서 억울한 일이 생기면 늘 중재를 맡았죠. 고등학교 때 법 관련 동아리에서 모의재판을 해보면서, 사람들의 권리를 지키는 일이 얼마나 중요한지 깨달았어요. 그때부터 변호사가 되고 싶었죠."

김 변호사님은 진지하면서도 따뜻하게 이야기를 이어갔다.

"로스쿨에 진학하기까지 정말 많은 공부와 노력이 필요했어요. 시험에 떨어진 적도 있었지만, 포기하지 않고 다시 도전했습니다. 결국 변호사 시험에 합격해서 지금은 다양한 사건을 맡으며 사람들의 권리를 지키는 일을 하고 있어요. 월평균 700만 원 정도의 수입이 있지만, 무엇보다도 억울한 사람을 도와줄 때 가장 큰 보람을 느낍니다. 여러분도 자신만의 꿈을 꾸고, 포기하지 않고 도전해보세요. 여러분의 노력이 분명 누군가에게 큰 힘이 될 수 있습니다."

3) 이것만은 알고 가자!

재능은 타고나는 것만이 아니다. 대부분의 재능은 꾸준한 노력에서 만들어진다. 처음부터 잘하는 사람은 거의 없다.	
실패의 경험과 어려움	**본인의 노력과 결과**
김 코치님 : 축구를 처음 시작할 때 평범했고, 오히려 서툴렀음.	남들이 쉬는 시간에도 꾸준히 연습함. 남들이 게임하거나 TV 볼 때, 운동장에서 연습함.
박 선생님(피아니스트) : '도레미파솔'도 제대로 못 쳤던 시절이 있었음.	실패와 좌절을 두려워하지 않음.
이 선생님(화가) : 매일 그림을 그리고, 실패해도 포기하지 않음.	실패해도 포기하지 않고 계속 도전함.
최 선생님(비보이) : 처음엔 간단한 스텝도 못 따라했음.	노력과 꾸준함이 진짜 재능을 만든다. 매일 연습하고, 새로운 시도와 도전을 멈추지 않음.
신 선생님(가수) : 오디션에서 여러 번 떨어졌지만 포기하지 않음.	포기하지 않는 마음이 중요함.
결론 : '재능'은 노력하는 사람에게만 나타난다. 좋아하는 일을 직업으로 만들려면, 꾸준한 노력이 필수이다.	

4) 우리 함께 도전하자!

영상으로 만나는 다양한 직업의 세계				
축구선수 코치	첼리스트	디자이너	댄서	변호사
소감문				

3장

내 능력으로 돈 벌기 도전!

돈은 분명히 중요합니다.

'당장 용돈이 부족한데, 어떻게 하면 돈을 벌 수 있을까?'

이런 현실적인 고민들도 당연히 중요합니다. 하지만 더 중요한 것은 지금부터 자신의 미래를 위한 투자를 시작하는 것입니다. 그 투자는 바로 자기 자신에게 하는 투자입니다. 새로운 것을 배우고, 자신의 재능을 개발하며, 좋은 관계를 맺는 것 말입니다.

AI, 빅데이터, 로봇공학, 바이오 기술 등 새로운 분야들이 계속 생겨나고 있습니다. 바로 변화에 적응하는 능력, 창의적으로 생각하는 능력 그리고 사람과 소통하는 능력입니다. 이런 능력들은 돈으로 살 수 없는 것들이지만, 결국 여러분이 경제적으로도 성공할 수 있게 해주는 토대가 됩니다.

민재처럼 여러분도 자신만의 꿈을 찾아보세요. 그리고 그 꿈을 이루기 위해 지금부터 할 수 있는 작은 일들을 시작해보세요.

1. 취미가 돈이 되는 순간들

1) 좋아하는 것을 오래 하면 전문가가 된다.

〈'생활의 달인' 프로그램 중에서〉

칼국수 달인 : 30년 넘게 칼국수를 만든 달인은 "매일 조금씩 더 맛있는 칼국수를 만들기 위해 연구했다."고 말했다.

구두 수선 달인 : 40년 동안 구두만 고친 달인은 "한 켤레 한 켤레 정성을 다하다 보니, 전국에서 손님이 찾아온다."고 했다.

풍선 아트 달인 : 20년 넘게 풍선만 만든 달인은 "처음엔 취미였지만, 지금은 전국 축제에 초청받는 전문가가 됐다."고 말했다.

집으로 돌아가는 길에 민재는 태현이와 TV 프로그램 '생활의 달인'에 대해 이야기를 나눴다. 평범해 보이는 사람들이 한 가지 일을 오래 하면서 그 분야의 전문가가 된 모습들이었다.

민재는 깨달았다.

'좋아하는 일을 오래 하다 보면, 누구나 그 분야의 전문가가 될 수 있구나!'

2) 선생님의 치트키!

"우리가 흔히 좋아하는 일이 직업이 될 수 있을까 고민하곤 합니다. 실제로 축구선수, 피아니스트, 화가, 비보이, 가수 등 다양한 직업인들은 모두 자신이 좋아하는 일을 하며 생계를 유지하고 있습니다. 이처럼 자신이 좋아하는 일도 충분히 직업이 될 수 있습니다.

또 한 가지 중요한 사실은, 재능이 꼭 타고나는 것만은 아니라는 점입니다. 많은 전문가들이 처음에는 평범한 사람이었지만, 꾸준한 연습과 노력을 통해 각자의 분야에서 뛰어난 실력을 갖추게 되었습니다. 즉, 재능은 노력으로 만들어질 수 있습니다. 그리고 좋아하는 일을 오랫동안 계속

하다 보면 누구나 그 분야의 달인이 될 수 있습니다. 실제로 '생활의 달인'들처럼 한 가지 일을 오래 하면서 실력을 쌓아온 사람들이 많습니다.

좋아하는 일 중에서 내가 다른 사람보다 더 잘 할 수 있는 일을 찾는 것도 매우 중요합니다. 아무리 좋아하는 일이라도, 그 분야에서 나만의 강점이나 차별화된 능력을 갖추는 것이 직업으로 연결될 가능성을 높여줍니다. 내가 잘할 수 있는 분야를 발견하고, 그 강점을 더욱 발전시키는 과정은 진로를 결정하는 데 큰 도움이 됩니다. 이는 내가 사회에서 어떤 역할을 할 수 있는지, 그리고 그 일을 통해 얼마나 성장할 수 있는지 판단하는 중요한 기준이 됩니다."

2. 돈 벌기 피워 업그레이드

1) 민재의 다짐

민재는 지난 몇 주 동안 많은 어른들과 이야기를 나누었다. 아버지, 어머니, 할아버지, 그리고 학교 선생님들까지. 모든 어른들이 한결같이 말하는 것이 있었다.

"민재야, 우리가 살던 시대와 너희가 살아갈 시대는 완전히 달라질 거야."

처음에는 막연했던 이 말이 이제는 조금씩 이해가 되기 시작했다.

민재는 컴퓨터 수업 시간에 선생님이 보여준 영상을 떠올렸다. 인공지능이 그림을 그리고, 글을 쓰고, 심지어 음악까지 만드는 모습이었다.

"와, 정말 신기하다. 하지만 그러면 사람들은 뭘 해야 하지?"

선생님이 말씀하셨다.

"민재야, 중요한 건 AI를 두려워하는 게 아니라 AI와 함께 일하는 방법을 배우는 거야. 그리고 AI가 할 수 없는 일들, 예를 들면 창의적으로 생각하고, 사람의 마음을 이해하고, 새로운 아이디어를 만들어내는 능력을 키우는 거지."

회사에서 마케팅 일을 하는 삼촌이 민재에게 이야기를 해주었다.

"민재야, 삼촌이 대학에서 배운 건 이제 반도 쓸모가 없어. 지금은 유튜

브, 인스타그램 같은 소셜미디어로 마케팅을 해야 하는데, 이런 건 대학에서 배운 적이 없거든. 그래서 삼촌도 계속 새로운 걸 배우고 있어."

"그럼 삼촌도 학생이네요!"

"맞아! 이제는 모든 사람이 평생 학생이야. 새로운 기술이 나오면 그걸 배워야 하고, 세상이 바뀌면 그에 맞춰 우리도 바뀌어야 해."

이런 이야기들을 듣고 난 후, 민재는 방 안에서 혼자 생각에 잠겼다. 그리고 일기장에 이렇게 적었다.

> **오늘 깨달은 것들 :**
>
> ① 한 가지 직업만으로 평생을 살 수 있는 시대는 끝남.
> ② 새로운 기술을 계속 배워야 함.
> ③ AI와 경쟁하는 게 아니라 함께 일하는 방법을 배워야 함.
> ④ 사람만이 할 수 있는 일들이 더 중요해질 것임.

2) 선생님의 치트키!

첫째, 기술 이해력 키우기

"컴퓨터나 AI를 무서워하지 말고, 어떻게 작동하는지 이해해보자. 코딩도 배워볼까? 완전히 전문가가 될 필요는 없지만, 최소한 AI가 뭘 할 수 있고 뭘 할 수 없는지는 알아야겠어."

둘째, 창의력 기르기

"AI는 기존에 있던 것들을 조합할 수는 있지만, 완전히 새로운 아이디어를 만들어내는 건 아직 사람이 더 잘하는 것 같아. 평소에 상상력을 많이 키우고, 다양한 경험을 해봐야겠어."

셋째, 소통 능력 발전시키기

"아무리 좋은 아이디어가 있어도 다른 사람들에게 잘 전달하지 못하면 소용없을 것 같아. 발표도 더 열심히 하고, 친구들과 토론도 많이 해봐야겠어."

넷째, 지속적인 학습 습관 만들기

"이제부터는 공부를 시험을 위해서만 하는 게 아니라, 평생 배우는 습관을 만들어야겠어. 궁금한 게 있으면 바로바로 찾아보고, 새로운 분야에도 관심을 가져봐야지."

민재는 이제 미래가 두렵지 않았다. 오히려 기대가 되었다.

'세상이 빠르게 변한다는 건 그만큼 새로운 기회도 많이 생긴다는 뜻이잖아? 내가 지금 상상도 못하는 멋진 직업들이 새로 생겨날 수도 있고, 내가 좋아하는 일을 새로운 방식으로 하게 될 수도 있어.'

민재의 가장 큰 다짐은 이것이었다.

'기술이 아무리 발달해도, 결국 그 기술을 사용해서 세상을 더 좋은 곳으로 만드는 건 사람이야. 나도 내가 배운 것들을 활용해서 다른 사람들

에게 도움이 되고, 사회에 꼭 필요한 사람이 되고 싶어.'

민재는 내일부터 당장 실천할 수 있는 작은 것들부터 시작하기로 했다.

- 매일 30분씩 새로운 기술이나 지식에 대해 알아보기

- 친구들과 미래에 대해 이야기하고 서로의 꿈을 응원하기

- 창의적인 활동 하나씩 도전해보기(그림, 글쓰기, 만들기 등)

- 다른 사람의 이야기를 잘 듣고, 내 생각을 명확하게 표현 연습하기

3) 이것만은 알고 가자!

• 경제교육 관점

변화하는 노동시장과 직업세계에 대한 이해

평생학습의 경제적 필요성 인식

인적자본 개발의 중요성 깨달음

• 진로교육 관점

AI 시대에 필요한 핵심 역량(창의력, 소통능력, 기술이해력)

지속적인 학습 능력의 중요성

변화를 기회로 받아들이는 긍정적 마인드셋

• 실천적 측면

구체적이고 실현 가능한 일상 실천 계획

미래에 대한 막연한 불안보다는 준비된 자신감

개인의 성장이 사회 기여로 연결되는 가치관

- 용어 정리 -

빅데이터 : 다양한 대규모의 데이터를 빠르게 분석하여 비즈니스에 활용하는

기술. 빅데이터의 3대 속성은 규모(Volume), 다양성(Variety),

속도(Velocity)

마케팅 : 소비자에게 상품이나 서비스를 효율적으로 제공하기 위한 체계적인

경영 활동. 시장 조사, 상품화 계획, 선전, 판매 등이 이에 속하며, 소비자

에게 최대의 만족을 주고 생산자의 생산 목적을 가장 효율적으로 달성시

키는 것을 목표로 함.

----

4) 우리 함께 도전하자!

(1) 민재가 일기장에 적은 4가지 깨달음을 빈칸에 채워보세요.

- 1번 : 한 가지 직업만으로 평생을 살 수 있는 시대는 _________________

- 2번 : 새로운 _________________ 을 계속 배워야 한다.

- 3번 : AI와 _________________ 하는 게 아니라 함께 일하는 방법을 배워야 함.

- 4번 : _________________ 만이 할 수 있는 일들이 더 중요해질 것이다.

(2) 최근 5년 이내 우리 생활에서 새로 생긴 것들을 3가지 이상 써보세요.

① ____

② ____

③ ____

(3) 민재가 제시한 4가지 실천 계획을 바탕으로 자신의 현재 수준을 체크해보세요.

영역	매우 잘함	보통	더 노력 필요	실천할 일
기술 이해력	☐	☐	☐	
창의력	☐	☐	☐	
소통 능력	☐	☐	☐	
학습 습관	☐	☐	☐	

3. 좋아하는 일로 전문가 되기 로드맵

1) 좋아하는 일을 직업으로 만들어보기

민재는 이제 구체적으로 자신이 좋아하는 일이 미래 직업이 될 수 있는지에 대해 알고 싶어졌다. 특히 요즘 뉴스에서 자주 듣는 'AI'와 관련된 직업들이 궁금했다.

"아버지, AI 시대에는 어떤 직업이 유망할까요?"

아버지의 첫 번째 조언 – 데이터 관련 직업

아버지는 컴퓨터 회사에서 일하고 있어서 이런 분야를 잘 알고 있었다.

"민재야, 앞으로는 인공지능(AI)과 관련된 직업들이 점점 더 중요해질 거야. 데이터 사이언티스트, 머신러닝 엔지니어, 데이터 엔지니어, 데이터 분석가 같은 직업이 대표적이지."

"그 사람들은 무슨 일을 하는 거예요?"

"음, 쉽게 말하면 방대한 데이터를 분석해서 새로운 정보를 찾아내고, AI가 더 똑똑하게 일할 수 있도록 도와주는 사람들이야. 예를 들어, 〈넷플릭스〉에서 네가 좋아할 만한 영화를 추천해주는 것도 이런 사람들이 만든 AI 덕분이거든."

민재는 눈을 반짝이며 물었다.

"와, 그럼 연봉은 어떨까요?"

"연봉도 높은 편이고, 앞으로 더 많은 기업에서 필요로 할 거야. 하지만 돈만 보고 직업을 선택하면 안 돼. 자신이 좋아하고 잘할 수 있는 일인지가 더 중요하단다."

2) 선생님의 치트키!

"이 책을 쓰면서 저는 여러분에게 꼭 전하고 싶은 메시지가 있습니다. 돈은 분명히 중요합니다. 우리가 살아가는 데 필요한 것이고, 꿈을 이루

는 데 도움이 되는 도구입니다. 하지만 돈이 목적이 되어서는 안 됩니다. 민재의 아버지가 말했듯이,

'돈만 보고 직업을 선택하면 안 돼. 자신이 좋아하고 잘할 수 있는 일인지가 더 중요하단다.'

저는 지금까지 많은 성공한 사람들을 만나보았습니다. 그들 중에서 진정으로 행복해 보이는 사람들의 공통점은 무엇이었을까요? 바로 자신이 좋아하는 일을 통해 사회에 기여하면서 적절한 경제적 보상을 받는 사람들이었습니다. 그들은 돈을 위해 일하는 것이 아니라, 의미 있는 일을 하면서 그 결과로 경제적 성공도 함께 얻은 것입니다.

여러분이 살아갈 미래는 지금보다 훨씬 더 다양한 기회로 가득할 것입니다. AI, 빅데이터, 로봇공학, 바이오 기술 등 새로운 분야들이 계속 생겨나고 있습니다. 이런 변화하는 시대에 가장 중요한 것은 무엇일까요? 바로 변화에 적응하는 능력, 창의적으로 생각하는 능력, 그리고 사람과 소통하는 능력입니다. 이런 능력들은 돈으로 살 수 없는 것들이지만, 결국 여러분이 경제적으로도 성공할 수 있게 해주는 토대가 됩니다."

3) 이것만은 알고 가자!

---

① **자기 이해 우선** : 유망한 직업보다 '내가 무엇을 좋아하는가.'를 먼저 파악하기

② **다양한 분야 탐색** : AI 시대의 기술개발 · 융합 분야 직업들을 폭넓게 알아보기

③ **기초 역량 구축** : 수학 · 과학 · 프로그래밍 등 학문적 기초와 창의적 사고력 기르기

④ **소통 능력 개발** : 아무리 기술이 발전해도 변하지 않는 핵심 역량 강화하기

⑤ **실무 경험 쌓기** : 작은 프로젝트부터 시작하여 멘토* 찾고 현장 경험 축적하기

⑥ **전문성 심화** : 관련 학위 · 자격증을 취득하고 실무 경력을 통한 포트폴리오 구축하기

⑦ **지속적 학습** : 빠르게 변하는 기술 트렌드에 적응하며 평생 학습 자세 유지하기

⑧ **의미 추구** : 돈보다는 사회에 기여하는 가치 있는 일을 통한 성취감 추구하기

⑨ **변화 수용** : AI 시대를 두려워하지 말고 더 많은 가능성의 기회로 받아들이기

⑩ **꿈 실현** : 자신이 좋아하는 일로 사회에 도움이 되는 전문가의 첫걸음 시작하기

- 용어 정리 -

***멘토** : 힘과 지식을 바탕으로 다른 사람을 지도하고 조언해 주는 사람

---

4) 우리 함께 도전하자!

□ 1단계 : 나의 강점과 약점 파악하기

나의 강점(잘하는 것, 좋아하는 것)

① ____

② ____

나의 약점(부족한 것, 어려워하는 것)

① ____

② ____

개선하고 싶은 약점

가장 중요한 약점 : _____________________________

개선 방법 : ___________________________________

□ 2단계 : 중학생 때 할 수 있는 일들

꿈과 관련된 과목 :

– 중요한 과목 : ________________

– 현재성적 : _____ → 목표성적 : _____

– 구체적 공부 방법 : ________________

기타 과목들 :

– 국어 : 현재 _____ → 목표 : _____

– 영어 : 현재 _____ → 목표 : _____

– 수학 : 현재 _____ → 목표 : _____

체험 활동 계획

☐ 직업체험 프로그램 참여

☐ 관련 박물관 / 과학관 견학

☐ 해당 분야 전문가 인터뷰

☐ 관련 동아리 활동 참여

☐ 봉사활동 참여　☐ 기타 : _____

기타 활동

☐ 관련 자격증 공부 시작

☐ 온라인 강의 수강

☐ 멘토 찾기(선배, 전문가)

☐ 관련 대회 참여

☐ 기타 : _____________

☐ 3단계 : 고등학교 진학 계획

희망 고등학교 유형

☐ 일반고　☐ 특목고　☐ 특성화고　☐ 자율고　☐ 기타 : _____________

진학하고 싶은 학교명

1순위 : _____________

2순위 : _____________

선택 이유

____

____

☐ 4단계 : 대학교 / 진로 계획

희망 대학교(상위 3개)

① _____________

② _____________

희망 학과 / 전공

1순위 : _____________

2순위 : _____________

대학 입학을 위해 필요한 것들

□ 내신성적 □ 수능성적 □ 특별활동 □ 면접 □ 포트폴리오

□ 기타 : ______________________

□ 5단계 : 구체적인 실행 계획

이번 달 목표   이번 학기 목표   중학교 졸업 전 목표

① ______________   ① ______________   ① ______________

② ______________   ② ______________   ② ______________

□ 6단계 : 도움 요청하기

부모님께 : ______________________   □ 학교 진로상담 신청

선생님께 : ______________________   □ 진로체험센터 방문

선배 / 형·누나께 :   □ 온라인 진로 상담 이용

친구들과 : ______________________   □ 기타 : ______________________

□ 7단계 : 점검 및 수정

□ 목표 달성 정도는?

□ 계획에 무리는 없었나?

– 1개월 후 : ___/___/___ (달성도 점검)

□ 새로 알게 된 정보는?

– 3개월 후 : ___/___/___ (계획 수정)

□ 꿈이 바뀌었나?

– 6개월 후 : ___/___/___ (전체 재검토)

□ 수정할 것은?

"중요한 것은 지금부터 자신의 미래를 위한 투자를 시작하는 것입니다. 그 투자는 바로 새로운 것을 배우고, 자신의 재능을 개발하며, 좋은 관계를 맺는 것입니다.

민재가 마지막에 '사람들에게 도움이 되는 AI 전문가가 되고 싶어요!'라고 말했듯이, 여러분도 자신만의 꿈을 찾는 과정에서 자연스럽게 돈에 대한 올바른 관점을 갖게 될 것이고, 미래의 경제적 성공도 함께 따라올 것입니다."

Part
3

중학생
돈 관리
마스터하기

| 김정석 |

안녕, 친구들! 혹시 여러분은 용돈이 늘 부족하지 않나요? 그러나 실망하지 말아요. 대부분 학생들은 용돈이 부족하지요. 부족한 용돈을 어떤 사람은 참기도 하고, 어떤 사람은 그것을 더 절약하기도 하고, 어떤 사람은 스스로 벌어서 보충하기도 하지요. 'Part 3'에서는 기회비용을 통하여 돈을 사용하는 지혜를 배우게 돼요. 그럼, 돈과 관련된 여러분의 잠재된 능력을 깨워줄 여정을 시작해봅시다!

찾아가는 돈 공부

나의 소비 패턴 해부하기

여러분은 혹시 광고에 쉽게 유혹당하는 '충동구매의 달인'은 아닌가요?

멋진 광고를 보면 갖고 싶고, 당장 사야 할 것만 같은 기분에 휩싸인 적이 많이 있을 거예요. 하지만 진정한 '돈 관리 달인'이 되기 위해서는 단순한 어리석은 소비자가 아니라, 광고의 유혹에 속지 않는 현명한 소비자로 거듭나야 합니다.

여기에서는 용돈이 늘 부족했던 원인을 파헤치고, 교묘한 광고의 심리 트릭을 간파하며, 자신만의 똑똑한 소비 기준을 세우는 방법을 알려줄게요.

이제 여러분도 돈을 쓰는 데 있어 주도권을 잡고, 후회 없는 소비를 하는 현명한 소비자로 변신할 준비가 되었나요?

1. 용돈 블랙홀 탈출 작전

1) 민재의 용돈 미스터리

"아, 진짜! 벌써 용돈 다 떨어졌네."

"또? 저번 달에도 막 쓰더니 용돈 부족하다고 징징거렸잖아."

유리가 딱하다는 듯이 혀를 찼다.

"아니야, 떡볶이 몇 번 먹고, PC방에서 게임 몇 번 했고, 그런 정도뿐인데 돈이 그냥 쭉쭉 나간단 말이야."

민재는 억울한 듯이 투덜댔다.

"그것 봐! 딱 그거라니까. 너처럼 계획 없이 쓰다 보면 늘 그래. 나도 예전엔 그랬지만 이제는 용돈 배분을 하기 때문에 쪼들리지 않지."

수아가 손가락으로 동그라미를 그리며 말했다.

"용돈 배분? 그게 뭔데?"

민재의 눈이 휘둥그레졌다.

"호호, 그런 건 쉽게 알려줄 수 없지. 일단 선생님께 배워라. 그래야 나

의 지혜를 이해할 수 있을 것이다. 돈을 잘 나눠 쓰면 돼.”

“돈 쓰는 데 왜 그리 복잡하냐?”

민재가 살짝 인상을 찌푸렸다.

“처음엔 좀 복잡할 수도 있지. 근데 한번 해 보면 진짜 간단해. 그러면 제일 중요한 것은 네가 뭘 포기해야 하는지 안다는 거야. 돈을 쓸 때는 기회비용을 잘 생각해 봐야 해.”

수아가 어깨를 으쓱였다.

"기회비용? 그게 뭔데? 넌 뭔가 특별한 방법이 있구나?"

민재가 궁굼하다는 듯이 물었다.

"빙고! 기회비용을 생각하는 것이 마법이야. 그래서 돈을 쓸 때, 늘 따져보게 되지. 돈 쓰는 것의 기록을 남기는 방법도 있어."

"돈을 쓸 때마다 언제 그것을 다 기록하니? 너무 귀찮은 일이야."

민재가 손사래를 쳤다.

"그래, 귀찮기도 하지만, 용돈이 새는 이유를 확실히 파악할 수 있다면 귀찮아도 해야 되지 않을까?"

2) 선생님의 치트키!

"민재와 수아의 이야기를 들어보니 용돈이 부족한 많은 친구들의 고민과 또 그 해결 방법이 잘 나타나 있네요. 보통은 민재처럼 용돈 부족을 겪는 친구들이 더 많을 거예요. 하지만 수아처럼 현명하게 용돈을 관리하는 학생들도 분명히 있지요. 지금부터 용돈 블랙홀에서 탈출하는 몇 가지 비법을 자세히 알려줄게요."

선생님이 미소를 지으며 칠판에 '용돈 블랙홀 탈출작전'이라고 쓰셨다.

• **용돈 블랙홀 탈출작전**

(1) 용돈 배분으로 예산 세우기

"여러분은 매달 받는 용돈을 어떻게 쓰고 있나요? 혹시 민재처럼 계획 없이 쓰다가 어느새 바닥나는 경험을 해 본 적은 없나요? 용돈을 효과적으로 관리하기 위한 첫걸음은 바로 용돈 배분입니다. 용돈 배분은 용돈을 항목별로 나누어 미리 계획을 세우는 것을 의미합니다.

- **고정 지출 파악하기** : 매달 꼭 나가야 하는 돈(교통비, 학원 간식비 등)을 먼저 파악하고, 용돈을 받자마자 미리 따로 빼둔다.
- **변동 지출 항목 나누기** : 고정 지출을 제외한 나머지 돈은 '식비', '문화 / 여가 활동비', '저축 비상금' 등으로 나누어 각 항목에 얼마를 쓸지 미리 정해둔다.

이렇게 미리 계획을 세우면, 이번 달에 내가 얼마를 어디에 쓸 수 있는지 명확하게 알 수 있어 충동적인 소비를 막을 수 있습니다."

(2) 기회비용 이해하고 현명하게 선택하기

"우리가 어떤 선택을 할 때, 항상 다른 것을 포기해야 하는 상황이 발생합니다. 이것을 바로 기회비용이라고 합니다. 기회비용은 하나의 대안을 선택함으로써 포기하게 되는 다른 대안의 가치를 의미합니다. 예를 들어,

소설책을 사는 대신 떡볶이를 사 먹었다면, 소설책을 읽고 얻는 즐거움은 포기해야 합니다. 현명한 소비자가 되려면 모든 소비의 순간에 기회비용을 생각하는 습관을 들여야 합니다. '이것을 사면 뭘 포기해야 하지? 과연 무엇이 나에게 더 큰 가치를 줄까?' 하고 늘 스스로 질문해 보세요."

(3) 용돈 기입장으로 소비 습관 돌아보기

"'내가 돈을 어디에 다 쓴 거지?' 이런 생각, 가끔 해봤을 겁니다. 용돈이 어디로 샜는지 모를 때는 용돈 기입장을 쓰는 것이 가장 좋은 방법입니다. 용돈 기입장은 자신도 모르는 여러분의 지출 습관을 담고 있습니다.

- **기록의 중요성** : 매일 받은 용돈과 쓰는 내역을 꼼꼼하게 기록한다. 스마트폰 앱이나 간단한 메모장에 '언제', '무엇을', '얼마나' 썼는지를 기록하면 된다.

- **소비 패턴 분석** : 한 달 정도 꾸준히 용돈 기입장을 작성한 후, 기록을 다시 한번 살펴보고 자신이 생각지도 못했던 곳에서 돈이 새고 있지는 않은지? 불필요한 지출이 무엇인지, 어떤 항목에서 과소비하고 있는지를 파악한다.

- **예산 조정 및 절약** : 용돈 기입장을 통해 자신의 소비 습관을 파악하고, 다음 달 예산을 세울 때 이를 반영하여 불필요한 지출을 줄이고 구체적인 절약 계획을 다시 세운다.

어때요? 용돈 블랙홀에서 벗어나기 위해서 용돈 배분으로 계획을 세우고 기회비용을 고려하여 선택하며, 용돈 기입장으로 자신의 소비 습관을 바르게 할 수 있다면 여러분도 용돈 관리 마스터가 될 터이니, 실천해 보면 어떨까요?"

3) 이것만은 알고 가자!

---

① **용돈 배분** : 용돈을 어디에 얼마를 쓸지 미리 계획을 세우는 것을 말함.

– 고정 지출 : 교통비, 학원 간식 등 매달 일정하게 꼭 나가는 비용

– 변동 지출 : 식비, 문화생활비, 저축 등 자유롭게 늘리거나 줄일 수 있는 비용

② **기회비용** : 우리가 무언가를 선택하면, 다른 것을 포기해야 하는 경우가 생길 때, 포기하는 것의 가치가 기회비용임.

– 돈을 쓸 때는 '이것 대신 더 가치 있는 것이 있을까?' 하고 한 번 더 생각하는 것이 중요함.

③ **용돈 기입장** : 내 용돈의 수입과 쓰임을 기록하면 나의 지출 습관 파악이 가능함.

– 기록하기 : 수첩이나 스마트폰 앱 등으로 매일 수입과 지출을 꼼꼼히 기록

– 분석하기 : 한 달 정도 기록한 내용을 보면 불필요한 지출이나 과소비하는 항목 파악

– 개선하기 : 파악한 내용을 바탕으로 다음 달 용돈 계획을 세움.

---

4) 우리 함께 도전하자!

활동 : 기회비용 따져보기

① 만약 내가 사고 싶은 것 두 가지가 있는데, 가지고 있는 용돈으로 한 가지밖에

살 수 없다면, 어떤 선택을 할 것인가? 기회비용을 생각해 보고 그 이유를 적어

보세요.

– 사고 싶은 것 : ＿＿＿＿＿＿＿＿＿＿＿＿＿＿＿＿＿＿＿＿

– 나의 선택 : ＿＿＿＿＿＿＿＿＿＿＿＿＿＿＿＿＿＿＿＿＿

– 그렇게 선택한 이유(기회비용을 고려하여) :

＿＿＿＿＿＿＿＿＿＿＿＿＿＿＿＿＿＿＿＿＿＿＿＿＿＿＿＿＿＿

＿＿＿＿＿＿＿＿＿＿＿＿＿＿＿＿＿＿＿＿＿＿＿＿＿＿＿＿＿＿

＿＿＿＿＿＿＿＿＿＿＿＿＿＿＿＿＿＿＿＿＿＿＿＿＿＿＿＿＿＿

② 친구들과 충동구매와 기회비용에 대해 토론을 해보고 친구들의 생각을 비판해

보세요.

＿＿＿＿＿＿＿＿＿＿＿＿＿＿＿＿＿＿＿＿＿＿＿＿＿＿＿＿＿＿

＿＿＿＿＿＿＿＿＿＿＿＿＿＿＿＿＿＿＿＿＿＿＿＿＿＿＿＿＿＿

＿＿＿＿＿＿＿＿＿＿＿＿＿＿＿＿＿＿＿＿＿＿＿＿＿＿＿＿＿＿

2. 광고의 심리 트릭 간피하기

1) 과장 광고에 속지 말자

"하림아! 이 젤리 먹으면 키가 10cm나 더 큰대!"

민재가 내민 스마트폰 화면에는 젤리 사진과 함께 '기적의 키 크는 젤리!' 문구를 유명 농구 선수가 광고하고 있었다.

"민재야, 설마 그걸 믿니? 지난번에도 연예인이 광고하는 기적의 살 빼는 약 사달라고 졸랐다가 혼났잖아."

하림이는 한심하다는 듯 말했다.

"이건 진짜야! 여기 '전국 중학생 10만 명 선택!'이라고 쓰여 있어."

민재의 눈빛은 이미 이 젤리를 먹고 훌쩍 자란 자신의 미래를 상상하는 듯했다.

하림이 말했다.

"민재야. 이런 건 기업이 소비자들에게 상품을 팔려고 하는 교묘한 광고일 뿐이야. 연예인이나 유명 운동선수가 사용하면 더 좋아 보이고 믿음이 가도록 유혹하는 거지. 그리고 '전국 중학생 10만 명 선택!' 문구는 많은 사람들이 하니까 나도 해야 할 것 같은 생각이 들게 하는 거야."

하림이는 "나도 얼마 전에 '하루 만에 여드름 싹 사라지는 피부과 의사도 놀란 기적의 화장품!'이라는 광고를 보고 그것을 사서 발랐더니 피부가 더 뒤집어졌었어. 심지어 '한정 수량! 오늘만 할인!'이라고 해서 서둘러 샀는데, 다음에 또 똑같은 광고를 하더라구. 나처럼 어리석게 구매해서 돈만 날린 친구들이 많아."

하림이는 그때를 떠올리며 얼굴을 찡그렸다.

"진짜? 그럼 광고에 속는 사람은 정말 어리석은 사람이네? 못 믿을 광고가 너무 많은데, 소비자들은 뭘 믿고 사지?"

민재는 답답한 듯 말했다.

"힘들게 모은 돈을 이런 광고에 속아 날리면 너무 억울하잖아! 소비자가 환불해달라고 요구하면 환불해 줘야 되는 거 아냐?"

"맞는 말이지만, 말처럼 쉽지가 않더라니까. 환불받고 싶다고 전화를 했더니, 상담원이 '고객님의 사용 방법에 따라 효과가 다를 수 있습니다. 사용법 설명서를 자세히 보세요.' 이러면서 자꾸 사용 방법이 잘못 됐다고만 하더라. 그래서 결국 못 받았어."

하림이가 억울하다는 듯이 말했다.

두 친구는 쏟아지는 광고의 홍수 속에서 과연 자신들이 어떻게 현명하게 소비할 수 있을지 깊은 고민에 빠졌다.

2) 선생님의 치트키!

우리들의 이야기를 들은 선생님께서는, "자, 너희들이 보고 있는 이 광고들 말이야. 기업들은 너희의 마음을 사로잡고 지갑을 열게 하려고 하는 다양한 마케팅 전략이야. 예를 들어, 민재가 본 키 크는 젤리 광고처럼 유명인 농구 선수를 등장시키는 건 스타 마케팅이라고 해. 우리가 좋아하는 연예인이나 운동선수가 쓰는 제품은 왠지 더 좋아 보이고 믿음이 가잖아? 이게 바로 스타 마케팅의 효과야. 특히 스타 마케팅은 광고비용이 많이 드는데, 그 비용도 실제는 소비자에게 부담시킨단다."

"그렇군요. 그러면 '하루 만에 여드름 싹 사라짐.'이라는 광고는요?"

하림이가 궁금하다는 듯 물었다.

"그건 아마도 과장 광고에 해당될 가능성이 커. '단 한 번에!', '즉시 효과!' 이런 식의 문구는 보통 사실을 지나치게 부풀린 경우가 많지. 때로는 사실이 아닌 정보를 아예 거짓으로 전달하는 허위 광고도 있고. 이런 광고들은 마치 마법처럼 솔깃하게 들리지만, 현실과는 거리가 멀어.

기업들은 '오늘 한정 할인 판매!', '마지막 기회!' 같은 문구로 우리가 서둘러 사게 만들기도 하는데, 이걸 희소성 마케팅이라고 불러. 지금 안 사면 손해 볼 것 같은 느낌을 주는 거지. 또 '모두가 선택한 바로 그 제품!'처럼 사람들이 많이 사고 있다는 걸 강조해서 '나만 없으면 안 될 것 같아!'라는 심리를 이용하는 밴드왜건 효과(편승 효과)도 흔히 쓰이는 전략이야. 우리가 TV에서 보는 감동적인 광고는 제품보다는 감성을 자극하는 감성 마케팅이라고 볼 수 있지."

선생님은 이어서 설명을 덧붙였다.

"하지만 중요한 건, 이런 광고 트릭에 우리가 순진하게 속아서는 안 되는 소비자 권리가 있어! 예를 들어, 하림이처럼 광고 때문에 피해를 봤다면 피해를 보상받을 권리가 있어. 또 민재가 궁금해한 것처럼 어떤 제품인지 제대로 알 권리도 있고, 다양한 제품 중에서 자유롭게 선택할 권리도 있지. 이런 권리들을 잘 알고 활용하는 것이 바로 현명한 소비자의 첫걸음이야."

"그럼 우리는 어떻게 하면 허위 과장 광고에 속지 않고 똑똑한 소비를 할 수 있을까요?"

민재가 눈을 반짝이며 물었다.

"아주 좋은 질문이야! 바로 비판적 소비가 필요해. 광고를 볼 때 무조건 믿는 게 아니라, '이게 진짜일까?', '다른 정보는 없을까?' 하고 한 번 더 생각해 보는 습관을 들이는 거지. 예를 들어, 어떤 제품이 '기적의 효과'를 광고한다면, 그 제품을 사용해본 사람들의 리뷰를 찾아보거나 전문가의 의견은 어떤지 검색해 보는 거야. 너무 좋다고 광고하면 일단 의심하고, '세상에 공짜는 없다.'는 생각으로 잘 따져보아야 해. 특히 '무료'나 '할인'이라고 강조하는 광고는 작은 글씨로 쓰여진 약관이나 조건도 확인해야 해. 이렇게 우리 스스로 정보를 찾아보고 판단하는 힘을 기르면 광고의 심리 트릭에 넘어가지 않고 똑똑하게 용돈을 쓸 수 있을 거야!"

3) 이것만은 알고 가자!

----

① **스타 마케팅(셀럽 마케팅)** : 유명인을 광고 모델로 내세워 소비자의 구매 욕구를 자극하는 전략

② **감성 마케팅** : 제품의 기능보다 제품이 주는 감정, 경험 등을 강조하여 소비자의 마음을 움직이는 전략

③ **희소성 마케팅(한정 판매 / 기간 한정 할인)** : '지금 아니면 없어!'와 같이 제품의 희소성을 강조하여 소비자의 구매를 서두르게 만드는 전략

④ **밴드왜건 효과(편승 효과)** : '남들이 다 하니까 나도 해야지!'라는 심리를 이용해 다수가 선택했음을 강조하여 구매를 유도하는 전략

⑤ **소비자 권리** : 소비자가 상품이나 서비스를 구매하고 사용하는 과정에서 보호받아야 할 기본적인 권리들을 말함.

⑥ **비판적 소비** : 광고나 정보를 무조건 받아들이지 않고, 사실인지 꼼꼼히 따져보고 합리적으로 판단하여 소비하는 태도

⑦ **허위 광고** : 사실과 다르게 꾸며낸 거짓 정보를 담고 있는 광고

⑧ **과장 광고** : 사실을 지나치게 부풀리거나 왜곡하여 소비자를 현혹하는 광고

----

4) 우리 함께 도전하자!

① 아래 광고 문구를 허위 / 과장 광고인지 판단하고 그 이유를 적어봅시다.

광고 문구	허위 / 과장 광고 (O / X)	이유
"단 3일 만에 체중 10kg 감량! 기적의 다이어트 보조제!"		
"우리 동네 1등 치킨! 전 국민이 극찬한 맛!"		
"우수한 자외선 차단제, 정말 좋아요."		
"이 문제집만 풀면 무조건 전교 1등! 100% 성적 향상 보장!"		

② 일상생활 속에서 감성 마케팅, 희소성 마케팅을 찾아 정리해 보세요.

여러 가지 광고	광고 종류	이유
– 상품명 : – 등장인물 : – 주장 : – 특징 :		

3. 나만의 똑똑한 소비 기준 만들기

1) 현명한 소비자의 첫걸음

"와, 민재야! 너 새로 산 모자 진짜 멋있다! 얼마 주고 샀어?"

태현이가 민재의 새 모자를 보며 감탄사를 내뱉었다.

"응, 이거 한정판이라 좀 비쌌어. 그래도 디자인이 너무 마음에 들어서 안 살 수가 없더라. 그런데 너무 비싸서 한 달 용돈이 다 들어갔어. 이달 어떻게 지낼지 걱정이야."

민재는 고민되는 표정을 지었다.

"나도 저번에 완전 신상 스마트폰이 나왔을 때, 바로 질렀거든. 근데 사고 나니까 솔직히 전 모델이랑 크게 다른 것도 없고, 괜히 비싼 것을 산 것 같기도 하더라고."

태현이가 머쓱하게 웃었다.

"맞아, 나도 그럴 때 있어. 광고에 혹해서 샀다가 실망한 적도 많고. 가끔은 내가 왜 이걸 샀을까 싶을 때가 있는데, 지금이 바로 그때야."

민재는 고개를 끄덕였다.

"그럼 우리, 어떻게 하면 좀 더 똑똑하게 소비할 수 있을까? 맨날 충동구매하고 후회하기는 싫은데."

태현이가 고민스러운 듯 말했다.

"음……. 나도 그게 궁금해서 선생님께 여쭤본 적이 있는데, 필요와 욕구를 구분하는 것부터 시작하라고 하시더라."

민재가 아는 척을 했다.

"선생님께서 지금 내가 필요한 것 이상으로 비싸고 좋은 것을 살 필요는 없다고 말씀하셨어. 필요와 욕구를 구분하기는 쉽지 않은 것 같아."

"어떤 게 좋은 건지 어떻게 알아? 그냥 광고만 보면 다 좋아 보이던데."

태현이가 의문을 제기했다.

"나도 그래, 어떻게 해야 물건을 사고 후회하지 않을 수 있을까?"

민재와 태현이는 물건을 바르게 사는 방법을 알고 싶었다.

2) 선생님의 치트키!

"오, 너희 진지한 대화를 했구나. 민재가 이야기한 필요와 욕구의 구분도 중요하지만, 상품의 질과 가격 비교, 소비자 리뷰 활용은 현명한 소비를 위한 아주 중요한 요소들이란다."

선생님께서 미소 지으시며 말씀하셨다.

"근데 선생님, 필요와 욕구를 구분하는 게 정확히 어떻게 하는 것인지 잘 이해가 안 돼요. 필요하니까 사고 싶은 생각이 드는 것이고, 이왕이면 더 좋은 것을 사고 싶은 것이 당연하지 않나요?"

민재가 여쭈었다.

"그럴 수 있단다. 그래도 '기능은 비슷한데 비싼 것이 꼭 필요한가?'라고 한 번 더 생각해 보는 습관이 필요해. 특히 비싼 물건을 살 때는 하루 이틀 정도 고민해 보는 것도 좋은 습관이란다. 시간이 지나도 꼭 사야 할 때 사도 늦지 않아."

선생님께서 차분하게 설명해 주셨다.

"아, 그럼 제가 스마트폰을 살 때도 하루 정도 고민해봤으면 후회하지 않았을 수도 있었겠네요.”

태현이가 무릎을 쳤다.

“그렇지. 무조건 비싸고 좋은 것만 사는 것보다는 내 예산 안에서 가장 효율적인 선택을 하는 것이 중요하단다. 예를 들어, 운동화를 살 때, 비싸고 유행인 것보다는 좀 싸도 실용적이고 활동에는 불편함이 없는 것을 선택하는 것이 더 현명한 선택일 수 있지.”

“그럼 가격 비교는 어떻게 해야 해요?”

민재가 궁금한 듯 물었다.

“요즘은 온라인 쇼핑몰에서 가격을 비교해 볼 수 있단다. 같은 제품이라도 판매하는 곳에 따라 가격이 천차만별이야. 최저가를 검색해 보고, 배송비나 추가 할인이 있는지도 따져보는 것이 중요해. 그리고 매장에서 직접 보고 온라인으로 구매하는 소위 ‘쇼루밍’도 현명한 소비의 한 방법이지.”

“선생님, 소비자 리뷰는 믿을 수 있나요?”

태현이가 다시 질문했다.

“좋은 질문이야, 모든 리뷰를 믿을 수 있는 것은 아니야. 특히 지나친 칭찬이나 너무 혹평만 하는 리뷰는 의심할 필요가 있어. 여러 사람의 리뷰를 읽어보고, 균형 잡힌 시각으로 판단하는 것이 중요해.”

“그럼 결국은 최종적인 것은 제가 기준을 세워 결정해야겠네요.”

“맞았어! 민재야, 나만의 똑똑한 소비 기준은 ‘나는 어떤 것을 왜 사야 하는가? 어떤 품질의 제품이 나에게 필요한가? 그리고 그에 합당한 가격은 어느 정도인가?'에 대한 답을 스스로 찾아가는 과정이란다. 이 기준이 명확해질수록 불필요한 지출을 줄이고, 나에게 정말 만족감을 주는 소비를 할 수 있게 될 거야."

3) 이것만은 알고 가자!

---

① **필요와 욕구** :

– 필요 : 생활에 꼭 있어야 하는 것(예 : 의식주, 학용품 등). 없으면 생활이 불편하거나 어려워지는 기본적인 요소

– 욕구 : 없어도 생활에 큰 지장이 없지만, 가지고 싶고 누리고 싶은 것(예 : 유행하는 옷, 게임기, 신형 스마트폰 등). 주로 만족감이나 즐거움을 위한 것

② **상품의 질** : 제품이나 서비스가 얼마나 우수하고 만족스러운지를 나타내는 정도. 무조건 비싸다고 질이 좋은 것은 아니며, 개인의 용도와 예산에 맞춰 적절한 질의 상품을 선택하는 것이 중요함.

③ **가격 비교** : 동일하거나 비슷한 상품의 가격을 여러 판매처에서 비교하여 가장 합리적인 가격에 구매하는 활동. 온라인 쇼핑몰, 오프라인 매장, 공동 구매 등 다양한 방법이 있음.

④ **현명한(합리적) 소비** : 자신의 소득과 예산 범위 내에서 필요와 욕구를 고려하여 상품의 질과 가격을 비교하고, 장기적인 만족도를 고려하여 가장 효율적으로

소비하는 행위

⑤ **소비자 리뷰** : 특정 상품이나 서비스를 구매하여 사용해본 소비자들이 직접 작

성한 평가나 후기. 구매를 결정하는 데 중요한 참고 자료가 되지만, 모든 리뷰를

맹신하기보다는 다양한 의견을 종합적으로 판단하는 것이 중요함.

⑥ **쇼루밍** : 소비자들이 매장에서 제품을 살펴본 후, 실제 구매는 온라인으로 구입

하는 방법을 말하는 신조어

----

4) 우리 함께 도전하자!

활동 : 다음 소비자의 상품 이용 후기 중 신뢰가 가는 것을 고르시오.

유명 연예인이 모델로 나오는 운동화 광고 후기를 읽고 신뢰도와 그 이유를 써 봅

시다.

소비자	사용후기	신뢰도 (1, 2, 3)	이유
1	연예인이 신어서 그런지 정말 멋지고 내가 연예인이 된 것 같아요.		
2	발이 편하지만 때가 잘 타요. 자주 세탁하면 멋있는 신발인 것 같아요.		
3	발이 편하고 튼튼해서 오래 신을 수 있어요. 통풍이 잘되어 시원한데 비가 오면 잘 젖는 것이 문제군요.		

소비자	사용후기	신뢰도 (1, 2, 3)	이유
4	딱딱하고, 때도 잘 타고, 신어보니 멋있지도 않아요. 시장에서 파는 싼 것과 다를 것이 없어요.		
5	내가 신고 다니면 친구들이 아주 연예인 신발 신었다고 부러워해요. 그래서 기분이 좋아요. 중요한 행사가 있을 때, 신기에 좋아요.		

2장

중학생도 돈을 벌 수 있다고?

여러분, 여러분들은 늘 용돈이 부족하다고 느껴진다고 했죠? 그렇다고 매번 부모님께 손 벌리기도 미안하고……. 그래서 이번 단원에서는 우리 스스로 돈을 벌 수 있는 방법에 대해 알아볼 것입니다. 합법적으로 할 수 있는 아르바이트는 무엇인지, 돈을 버는 과정에서 우리가 어떤 것을 배우고 성장할 수 있는지 이야기해 볼 것입니다. 또, 거창하지 않더라도 우리 주변에서 시작할 수 있는 작은 창업 아이디어나 직접 돈을 벌어볼 수 있는 재미있는 활동들도 함께 고민해 볼 예정입니다. 돈을 버는 경험은 단순히 돈을 얻는 것 이상으로 우리에게 많은 자신감과 성취감을 줄 수 있습니다. 자, 이제 우리도 직접 돈을 벌어보면서 경제 독립을 향한 첫걸음을 내디뎌볼까요?

1. 또래 친구들의 돈 벌기 성공담

1) 알바를 해볼까?

"하아, 또 용돈이 다 떨어졌네. 주말에 친구들과 개봉 영화도 보러 가자고 했는데……."

민재는 문득 '나도 돈을 벌 수 있으면 좋겠다.'라는 생각을 했다.

그때, 짝꿍인 유리가 이를 눈치채고 말을 걸었다.

"민재야, 또 용돈 떨어졌지? 나같이 돈을 벌 생각을 해봐. 지난번에 엄마 도와드리고 용돈 벌었어!"

"응? 엄마 도와주는 것은 당연한데 무슨 용돈? 좋은 것은 아닌 것 같아."

"그러니까 눈치껏. 엄마가 힘들어 보이실 때 설거지나 분리수거 같은 일을 도와드렸지. 엄마가 '너 웬일이니? 뭐 부탁할 것이 있는 모양이네?' 하셨어. 그래서 씩 웃으며 손을 벌렸더니 처음엔 안 주시다가 내가 계속 도와드리니까 나중에는 고생한 대가라고 용돈을 조금 주셨어."

"나도 용돈을 번 경험 있어!"

이번에는 태현이가 나섰다.

"나는 우리 동네 마트에서 알바를 했어! 전단지를 돌릴 사람이 필요하다고 붙여놓은 광고를 보고 어머니와 같이 가서 물어봤더니 하루에 한두 시간씩 홍보물을 나눠주는 것이었어. 처음에는 부끄러웠는데, 시급을 받으니 진짜 뿌듯했어!"

"진짜? 중학생이 알바를 해도 되나?"

민재는 놀라워했다.

"그래, 그런데 중학생도 합법적으로 일할 수 있는 기준이 있대. 대학생 삼촌이 그러는데 법적 기준을 지키면 중학생도 정상적인 알바를 할 수 있다고 하던데.”

　유리가 설명을 덧붙였다.

　“맞아! 나도 부모님 동의서도 가져오래서 어머님이 해 주셨어. 학생들에게 어려운 일을 시키면 안 된다고 하더라고. 내가 힘들여서 돈을 버니

까 기분도 좋고, 소중한 생각이 들어서 함부로 쓰고 싶지 않더라고. 부모님께 받은 돈과는 차원이 달라.”

태현이가 우쭐하며 말했다.

“나는 유기견 보호소에서 알바 했었어. 돈보다도 귀여운 강아지들을 돌보는 일이 정말 뿌듯했어. 내가 기쁜 일을 하면서 용돈도 생기니 정말 좋았어.”

하림이도 자랑했다.

민재도 알바로 용돈을 벌어봐야겠다는 생각을 하고 나니 우선, 합법적 기준이 무엇인지 궁금해서 대학생 삼촌에게 물어보려고 마음먹었다.

2) 민재 삼촌의 치트키!

민재는 저녁에 삼촌에게 물었다.

“삼촌! 내가 동네에서 알바를 하고 싶은데 학생이 하려면 합법적 기준에 맞게 해야 한다는데 그게 뭐야?”

“하하, 민재가 많이 컸구나. 용돈을 스스로 벌고 싶은 모양이구나. 돈을 버는 경험은 단순히 돈을 얻는 것을 넘어 다양한 가치와 교훈을 줄 수 있단다. 알바를 해본 친구는 자신의 노력으로 번 돈의 소중함을 알게 돼서 물건을 살 때도 더욱 신중해지지. 또 돈을 벌기 위해서는 여러 사람도 만나고, 약속 시각도 지키고, 주어진 일을 책임감 있게 해야 하기 때문에 사회성과 책임감이 길러진단다. 그런데 청소년에게 일을 시키는 업주들은 꼭 지켜야 할 것들이 있어, 그것을 청소년 근로 기준이라고 한단다. 만 13세 미만은 근로가 금지되어 있고, 만 13세 이상 15세 미만의 청소년들은 고용노동부 장관의 취직인허증이 있어야만 일을 할 수 있단다. 또한 위험한 일이거나 유해한 업종에서는 일할 수 없고, 하루 7시간, 일주일에 35시간을 초과하여 일할 수 없다는 법이 있단다."

"사장님이 이 규정을 어기면 어떻게 해요?"

민재가 물었다.

"만약 부당한 대우를 받거나 약속된 임금을 받지 못하는 경우에는 고용노동부 청소년 근로권익센터나 지방고용노동청에 도움을 요청하면 모두 구제받을 수 있단다."

삼촌도 중고등학교 때 알바를 했기 때문에 잘 알고 있었다. 삼촌이 말을 이었다.

"스스로 돈을 버는 경험은 경제적 독립심을 키워주고, 새로운 세상을 경험하게 하며, 사회에 대한 이해를 넓혀주는 소중한 기회가 될 수 있어. 하지만 항상 학업을 소홀히 해서는 안 되고, 무엇보다 먼저 부모님과 상의한 후에 도전해야 한다는 점을 잊지 마라."

3) 이것만은 꼭 알고 가자!

◆ 청소년 근로 기준 법령

① **연령** : 원칙은 만 15세 이상이나 만 13세~14세는 취직인허증을 발급받으면 예외적으로 가능함.

② **시간** : 만 18세 미만 청소년은 하루 7시간, 1주 35시간을 초과하여 일할 수 없으나, 합의할 경우 하루 1시간 연장 근로가 가능함.

③ **야간 및 휴일 근로** : 오후 10시부터 오전 6시까지의 야간 또는 휴일 근로는 원칙적으로 금지되나, 허락받으면 예외적으로 허용될 수 있음.

④ **임금** : 성인과 같이 최저임금이 적용되며, 임금 명세서와 함께 본인에게 직접 지급되어야 함. 또 5인 이상 사업장에서 연장, 야간, 휴일 근로 시에는 임금의 50%를 가산하여 지급하여야 함.

⑤ **기타** : 근로계약 시 연령 증명서와 부모님 동의서를 사업장에 두어야 함. 청소년 유해업소에는 고용이 금지되며, 근로 시간 위반 시 사용자는 처벌받을 수 있음.

◆ **지역사회 아르바이트** : 동네 가게(마트, 식당 등)에서 전단지 배부, 단순 업무 보조 등 비교적 짧은 시간 동안 할 수 있는 일을 통해 시급을 받고 돈을 버는 활동

◆ **청소년 근로 권리** : 청소년들이 아르바이트를 할 때 법적으로 보장받는 권리.

근로 가능한 나이 제한(만 13세 미만 근로 금지), 근로 시간 제한(하루 7시간, 주 35시간), 위험하거나 유해한 업종 금지, 최저 시급 준수 등이 포함됨.

◆ **취직인허증** : 만 13세 이상 15세 미만 청소년이 합법적으로 일을 하기 위해 고용 노동부 장관에게 받아야 하는 허가증

----

4) 우리 함께 도전하자!

(1) 다음 문장을 읽고, 맞으면 O, 틀리면 X를 표기하고, 틀린 경우 그 이유를 간단히 적어보세요.

① 만 14세 중학생은 부모님 동의만 있으면 어떤 일이든 할 수 있다. (　　)

– 이유 : ____

② 아르바이트를 하면 무조건 최저 시급 이상을 받아야 한다. (　　)

– 이유 : ____

③ 밤 10시부터 새벽 6시까지는 청소년이 일할 수 없는 시간이다. (　　)

– 이유 : ____

④ 만 13세 중학생이 아르바이트를 하려면 '취직인허증'이 꼭 필요하다. (　　)

– 이유 : ____

(2) 만약 여러분이 아르바이트를 하다가 다음과 같은 상황을 겪는다면, 어떻게 대처할 것인지 구체적으로 적어보세요.

① 아르바이트를 하기로 했는데, 사장님이 약속했던 시급보다 적은 돈을 주려고 해요.

- 대처 방법 : ____

② 위험한 무거운 물건을 나르라고 하거나 청소년이 하기에 너무 힘든 일을 시켜요.

- 대처 방법 : ____

③ 정해진 쉬는 시간 없이 계속 일하게 하거나 약속했던 시간보다 훨씬 늦게까지 일하라고 해요.

- 대처 방법 : ____

ㄹ. 작은 창업 아이디어 실험실

1) 나도 사장님이 될 수 있을까?

(쉬는 시간, 친구들이 벤치에 모여서 시끌벅적하게 이야기하고 있다.)

하림 : 야, 나 요즘 용돈이 너무 부족해. 주말 알바라도 해볼까 하는데, 엄마, 아빠는

아직 어리다고 반대하시고. 뭔가 돈 벌 방법 없을까?

민재 : 나도 그래. 게임 스킨 사고 싶은데 돈이 없어. 편의점 알바라도 할까 했는데, 그것도 쉽지 않을 것 같더라.

유리 : 난 알바 말고 좀 더 재미있는 걸 해 보고 싶어. 전에 언니가 동네에서 안 쓰는 물건을 모아서 플리마켓 한 적 있는데, 그거 신기했거든. 물건 팔면서 돈도 벌고, 사람들하고 이야기도 하고!

태현 : 플리마켓? 나도 예전에 안 쓰는 장난감 팔아본 적 있어! 근데 생각보다 잘 안 팔려. 뭔가 특별한 방법이 있어야 해.

하림 : 맞아. 특별한 예를 들면, 동네 빵집에서 맛있는 빵을 좀 더 저렴하게 받아서 학교 앞에서 적은 이익에 되팔면 어떨까?

민재 : 오! 그거 괜찮은데? 근데 빵집에서 우리한테 싸게 팔까? 그리고 우리 같은 학생이 그렇게 해도 되는 거야?

유리 : 나는 그림 그리는 거 좋아하니까 친구들 생일 카드를 예쁘게 만들어서 팔아도 괜찮을 것 같아! 재료비에 최소의 이익만 받고!

태현 : 야, 그거 좋다! 나도 얼마 전에 우리 엄마가 읽은 중고 책 당근마켓에 올리니까 바로 팔리더라.

하림 : 그럼 우리가 진짜 뭐든 만들어 팔아볼 수도 있겠다! 근데 뭘 팔아야 잘 팔릴까? 괜히 돈도 못 벌고 시간만 버리는 거 아니야?

민재 : 맞아. 뭔가 작게 시도해보고 반응을 보는 방법은 없을까?

유리 : 아, 전에 책에서 본 거 같아! 린 스타트업이라고 하던데? 잘은 모르겠어.

태현 : 린 스타트업? 그게 무엇인지 먼저 알아보자. 그리고 우리 조별 과제 발표할 때처럼, 아이디어 회의해보자. 뭘 만들지, 누가 팔지, 얼마에 팔지 같은 거.

하림 : 그래! 그럼 우리 다음 주에 만나서 각자 아이디어 하나씩 생각해 오는 걸로 할까? 내가 맛있는 거 사 갈게!

(친구들은 새로운 도전에 대한 설렘과 기대로 가득 찬 얼굴로 헤어졌다.)

2) 선생님의 치트키!

학생들의 이야기를 듣고 선생님은 흐뭇하게 미소 지으며 말씀하셨다.

"애들아, 방금 너희들 이야기 정말 잘 들었어. 하림이와 친구들이 고민했던 것처럼, 많은 학생들이 용돈 부족을 해결하길 원하고, 또 그러는 중에 새로운 경험을 하면서 경제적인 지혜를 얻는 경우가 많단다. 너희들이 찾은 방법들이 아주 제대로 된 길인걸, 기특하구나.

너희가 이야기한 그대로 물건이나 공간, 재능 등을 서로 빌려주고 빌려 쓰면서 효율적으로 서로에게 이익이 되는 경제 활동을 공유경제라고 한단다.

유리가 말한 것처럼 그림 실력으로 생일 카드를 만들어주거나 태현이가 경험한 중고 물품 거래가 대표적인 예지. 이렇게 하면 불필요한 소비를 줄이고 환경 보호에도 도움이 되며, 필요한 사람에게는 저렴하게 이용할 기회를 제공할 수 있어.

그리고 유진이가 린 스타트업이라는 멋진 말을 알고 있었네.

린 스타트업은 '임시 계획을 세우고, 최소한의 제품을 만들고, 고객의 반응을 조사해서, 배우면서 조금씩 개선해 나가는 반복적인 과정을 통해 아이디어를 발전시켜 나가는 방법'이야.

처음부터 본격적으로 준비해서 시작하기보다는, 작은 규모로 시작해서 소비자의 반응을 직접 확인하고 문제점을 개선해나가는 거지. 이렇게 하면 실패의 위험을 줄이고 성공 가능성을 높일 수 있단다.

너희들이 고민했던 것처럼 창업이라고 하면 뭔가 대단하고 어려운 일 같지만, 사실은 생활 속 불편함을 해결하거나 남들이 필요로 하는 것을 제공하는 것에서부터 시작될 수 있어.

너희가 이야기 나눈 것처럼 어떤 아이템을 만들지, 누가 고객이 될지, 얼마를 받을지 등 창업의 기초 구상을 해 보는 것만으로도 충분히 의미 있는 활동이야.

이런 과정들을 통해 너희는 단순히 돈을 버는 것뿐만 아니라, 문제 해결 능력, 창의력, 기획력 그리고 사람들과 소통하는 능력까지 기를 수 있을 거야. 너무 어렵게 생각하지 말고, 지금처럼 호기심을 갖고 즐겁게 아이디어를 실험해 보는 자세가 중요하단다.

선생님은 너희들의 작은 창업 아이디어들이 어떻게 실현될지 정말 기대되는구나!"

3) 이것만은 꼭 알고 가자!

----

① **공유 경제(Sharing Economy)** : 물건, 공간, 재능 등 자산을 소유하는 개념에서 벗어나 서로 빌려주고 빌려 쓰며 효율적으로 사용하는 경제 활동. 자원 낭비를 줄이고 새로운 가치를 창출함.

— 예시 : 중고 물품 거래 앱(당근마켓), 숙박 공유(에어비앤비), 차량 공유(쏘카)

② **린 스타트업(Lean Startup)** : 최소한의 자원과 시간으로 시제품(MVP, Mini-mum Viable Product)을 만들고, 고객의 피드백을 빠르게 받아 제품이나 서비스를 개선해나가는 창업 방법론. 실패 위험을 줄이고 효율성을 높이는 것이 목적임.

③ **창업의 기초 구상**

  • **창업의 3요소**

  – 아이템(Item) : 무엇을 팔거나 제공할 것인가? (제품이나 서비스)

  – 자본(Money) : 재료를 사고 홍보를 하기 위한 돈

  – 사람(People) : 함께 아이디어를 실현할 동료나 나 자신의 열정

----

4) 우리 함께 도전하자!

활동 : 나만의 작은 창업 아이디어 구상하기

① 나의 숨겨진 능력, 또는 친구들이 "이것 좀 해줘!"라고 했던 것은 무엇인가?

  (예) 그림 그리기, 글쓰기, 만들기, 게임, 정리 정돈 등

– 내가 잘하는 것은? : (   )

– 친구들이 나에게 부탁하거나 칭찬했던 것은? : (   )

– 내 아이디어가 남과 다른 특별한 점(경쟁력)은 무엇인가? :

  (   )

② 내 아이디어를 시험해 볼 수 있는 최소 기능 제품 구상하기

• 캐릭터 스티커 : 2~3가지를 소량 제작하여 친구들에게 보여주기

• 간식 배달 : 쉬는 시간에 좋아하는 친구 5명에게만 먼저 배달해주기

• 수학 튜터링 : 한 친구에게만 무료로 30분 시범 과외 해주기

– 내 아이디어를 실험해 볼 실천 방법은? : (   )

③ 내 아이디어를 실험해 보고 피드백(고객 반응) 들어보기

– "어떤 점이 좋았니?", "어떤 점이 아쉬웠니?", "이 가격에 살 생각이 있니?", "다

　음에 또 이용할 의향이 있니?"

– 친구들의 피드백은? : (   )

④ 피드백을 바탕으로, 내 아이디어를 어떻게 개선할 수 있을까?

– 개선할 점 : (   )

3. 내 손으로 직접 벌어보기

1) 나도 돈 벌 수 있다고?

중학생인 여러분도 생각보다 쉽게 돈을 벌 수 있는 방법들이 있다. 거창한 사업이 아니어도 괜찮다. 주변을 둘러보면 소소한 기회들이 여러 가지가 있다. 호기심을 갖고 시도해볼 만하면서도 여러분의 손으로 직접 돈

을 벌 수 있는 다양한 방법을 소개하고자 한다. 내가 하기에 적당한 것이 어느 분야인지 생각해 보자.

① 안 쓰는 물건 판매하기 : 우리 집 보물찾기

여러분의 방에 더 이상 안 쓰는 책, 작아진 옷, 흥미를 잃은 장난감이나 학용품이 있을 것이다. 이런 물건들을 그냥 버리지 말고, 중고 거래 앱을 통해 팔아보자. '당근마켓'이나 '중고나라' 같은 앱에 물건 사진을 찍어 올리고 가격을 정하면 된다. 필요 없는 물건을 정리해서 용돈도 벌고, 자원 재활용도 할 수 있어 일석이조다. 한두 번 해보면 재미도 있을 것이다.

② 재능 기부 및 소액 과외 : 나만의 비법 전수하기

여러분은 친구들에게 "이것 좀 알려줘!"라는 말을 자주 듣는 과목이나 재능이 있는가? 예를 들어, 수학 문제를 잘 풀거나, 그림을 잘 그리거나, 컴퓨터 프로그램을 잘 다루는 등 말이다. 이런 재능을 활용해 친구나 동생에게 소액 과외를 해주거나 학교 숙제를 도와주고 약간의 보상을 받을 수 있다. '숨고'나 '크몽' 같은 재능 판매 플랫폼을 활용하는 것도 방법이지만, 처음엔 주변 친척이나 지인들에게 먼저 제안해보는 것도 좋다. 자신의 재능을 나누고 돈도 벌 수 있는 의미 있는 활동이 될 것이다.

③ 수공예품 제작 및 판매 : 나만의 수공예 작품

손으로 만드는 것을 좋아한다면, 나만의 수공예품을 만들어 파는 것도 좋은 방법이다. 예쁜 비즈 팔찌, 직접 디자인한 키링, 정성껏 만든 카드, 뜨개질로 모자 만들기 등 작은 물건이라도 괜찮다. 예쁘게 만들어서 친구들이나 가족에게 먼저 보여주고, 반응이 좋으면 학교 벼룩시장이나 작은 플리마켓에 참여해서 팔아볼 수도 있다. 그러다 인기가 있으면 어른들과 상의하여 온라인 쇼핑몰 플랫폼(예 : 아이디어스몰)에 입점하는 것을 생각해 볼 수도 있다. 개인 블로그나 SNS를 통해 개별 거래로 주문을 받는 것도 하나의 방법이다.

④ 반려동물 돌보미 서비스 : 동물을 사랑하는 마음으로

강아지나 고양이를 좋아하고 잘 돌볼 자신이 있는가? 주변에 여행을 가거나 출장으로 집을 비우는 이웃들이 있다면, 그들의 반려동물을 돌봐주는 서비스를 제공해 보자. 산책을 시켜주거나 밥을 주고, 놀아주는 등의 간단한 돌봄만으로도 수고비를 받을 수 있다. 책임감을 가지고 성실하게 돌봐주는 것이 중요하며, 사전에 부모님과 충분히 상의하고 안전하게 진행해야 한다.

⑤ 지역 사회 소규모 심부름 : 우리 동네 해결사 되기

우리 동네를 살펴보면 의외로 어르신들이나 바쁜 이웃들이 필요로 하는 작은 도움들이 있다. 예를 들어, 장을 보실 때 장바구니를 들어드리거나, 간단한 우편물을 대신 부쳐주거나 분리수거 도와드리기, 노인 동네 한 바퀴 산책하기 등 소규모 심부름을 해드리고 용돈을 받을 수 있다.

동네나 아파트 게시판에 허락을 받고 '무엇이건 도와 드립니다.'라는 쪽지를 붙여보는 방법도 있다. 이웃에게 도움을 주고 돈도 벌 수 있어 보람을 느낄 수 있을 것이다.

⑥ 스마트폰 및 IT 기기 활용 도우미 : 디지털 세상 연결고리

요즘 어르신들은 스마트폰이나 태블릿, 키오스크 등 디지털 기기 사용에 어려움을 겪는 경우가 많다. 여러분이 이런 기기들을 잘 다룬다면, 어르신들에게 사용법을 알려드리고 소정의 수고비를 받을 수 있다. 예를 들어, 카톡 다양한 활용법, 유튜브 영상 찾는 법, 은행 앱 설치 및 사용법, 온라인으로 음식 주문하는 법, 메일 보내고 받는 법, 사진 정리하고 수정하는 법, 멋지게 사진 찍는 법 등을 친절하게 알려드리는 것이다. 동네 경로당이나 주민센터 게시판에 '스마트폰 도우미' 전단지를 붙이거나 어르신들과 접점이 많은 곳에 알려보는 것도 좋다. 디지털 격차를 줄이는 데 기여하면서 돈도 벌 수 있는 의미 있는 활동이 될 것이다.

⑦ 간단한 문서 작업 및 자료 정리 : 똑똑한 서류 정리 전문가

컴퓨터로 글쓰기나 자료 정리하는 것을 능숙하게 한다면, 간단한 문서 작업을 도와주고 용돈을 벌 수 있다. 예를 들어, 어르신들이나 개인 사업을 하시는 분들 중에는 워드나 엑셀로 문서를 작성하거나 사진을 정리하고 편집하는 것을 어려워하는 경우가 많다. 이분들의 블로그나 SNS에 올릴 간단한 글을 대신 써주거나 오래된 사진들을 컴퓨터 파일로 정리해드리는 등의 작업을 해 볼 수 있다. 깔끔하게 정리된 자료를 보며 만족하는 의뢰인을 보면 큰 보람을 느낄 것이다.

⑧ 인공지능(AI)을 이용한 알바 : 인공지능 전문가 되기

요즘은 AI가 발달하여 어른들이 하지 못 하는 일을 학생들은 잘할 수 있다. 간단한 인공지능 사용법 알려드리기, 인사말이나 축하 글 써 드리기, AI 수노를 활용하여 노래 만들어 드리기, 외국어로 된 물건 설명서나 약 설명서 번역해 드리기, 어른들의 추억을 간단히 듣고 시로 지어드리기, 여행 계획 작성하여 드리기 등 AI를 이용하여 매우 다양한 방법으로

어른들의 필요를 도와드리는 아르바이트를 할 수 있다.

이처럼 돈을 버는 방법은 생각보다 다양하고 여러분의 일상 속에 숨어 있다. 중요한 건 어떤 일이든 책임감을 갖고 성실하게 임하는 자세이다. 지금부터라도 호기심을 갖고 주변을 살펴보며, 나만의 방식으로 돈을 벌 수 있는 기회를 찾아보자.

2) 진로직업 전문가의 치트키!

"멋진 아이디어로 자신만의 경제 활동을 시작하려는 여러분을 진심으로 응원합니다. 스스로 돈을 벌어보겠다는 마음가짐은 정말 훌륭한 출발점이에요. 여러분이 제안한 것처럼 중고 물건 거래, 스마트폰 멘토링, 교과목 멘토링, 공예품 판매, 어르신들게 AI 가르쳐 드리기 등은 모두 가치 있는 노동이자 새로운 경험이 될 수 있습니다.

하지만 무턱대고 시작하기 전에, 여러분이 안전하고 즐겁게 경제 활동을 이어나갈 수 있도록 몇 가지 중요한 지침을 알려주려고 해요. 이 지침들을 마음에 새긴다면, 단순히 돈을 버는 것을 넘어 훨씬 더 큰 가치를 얻을 수 있을 거예요.

① 노동의 가치를 이해해요 : '일'은 '돈' 그 이상이에요.

아르바이트는 단순히 돈을 버는 행위가 아니라, 내가 가진 시간과 재능을 활용해 타인에게 도움을 주고 그에 대한 대가를 받는 과정입니다. 이 과정에서 여러분은 책임감, 약속의 중요성, 문제 해결 능력 같은 소중한 경험을 얻게 됩니다. 단순히 돈만 좇기보다는 내가 하는 일이 다른 사람에게 어떤 도움이 되는지, 어떻게 하면 더 잘할 수 있을지 고민해 보세요. 이러한 생각은 여러분이 미래에 어떤 일을 하든 큰 자산이 될 거예요.

② 부모님과 함께 계획을 세워요.

여러분은 아직 부모님의 보호와 지도가 필요한 나이입니다. 어떤 일을 할지, 얼마나 벌고 싶은지 등 여러분의 계획을 부모님과 함께 상의하는 것이 가장 중요해요. 부모님은 여러분이 생각하지 못한 위험 요소를 미리 알려주고, 안전하게 활동할 수 있도록 도와주실 수 있습니다. 또한 부모님과 돈 관리 방법에 대해 미리 이야기를 나누는 것도 위험을 피할 수 있는 기본적인 자세입니다.

③ 학업과 건강을 최우선으로 생각해요.

아르바이트는 여러분의 주요 활동인 학업에 지장을 주어서는 안 됩니다. 돈을 벌고 싶은 마음이 앞서서 학교 숙제를 미루거나 잠을 줄여서 피곤한 상태로 학교에 간다면 결코 바람직하지 않아요. 여러분의 소중한 시간과 체력을 관리하는 것도 현명한 경제 활동의 일부입니다. 학업과 아르바이트의 균형을 맞추기 위한 자신만의 규칙을 정해보세요.

④ 돈 관리 계획을 세워요.

돈을 벌기 시작했다면, 어떻게 사용할지 미리 계획을 세우는 것이 중요해요. 돈을 벌려는 목표를 잘 생각해서 시간을 투자해서 돈을 벌 가치가 충분히 있는지 먼저 생각해야 합니다.

다음은 용돈 기입장 쓰기 등을 통하여 돈을 계획적으로 관리하는 습관을 들여야 합니다. 개인이나 가정, 회사나 국가 모두 경제적인 계획이 없다면 잘되지 않을 것입니다.

⑤ 안전한 거래를 위한 지침을 지켜요.

낯선 사람과의 직접적인 만남을 피해요. 중고 거래나 과외 활동 시에는 사람이 많은 공공장소에서 만나는 것이 안전합니다. 부모님께 만나는 시간과 장소를 미리 알려드리는 것도 좋은 방법입니다.

개인정보를 보호하기 위한 주의를 잊지 마세요. 휴대폰 번호, 주소 등 개인정보는 꼭 필요한 경우가 아니라면 함부로 알려주지 마세요.

⑥ 대가를 확실하게 받아요.

물건이나 서비스를 제공하기 전에 대가를 어떻게 받을지 명확히 정하고, 거래가 완료된 후에는 확실하게 받도록 하세요. 여러분의 이러한 시도는 미래의 훌륭한 경제인으로 성장하는 첫걸음입니다.

앞의 지침들을 기억하며 여러분의 경제 활동을 즐겁게 시작해보세요. 혹시 활동하면서 어려운 점이 있다면 언제든지 전문가와 상담하세요."

3) 우리 함께 도전하자!

미국의 청소년들은 전통적으로 부모가 조건 없이 용돈을 주는 일이 거의 없다. 대개 정당한 노력에 의해 자신의 용돈을 벌어서 사용하는 것이 일반적이다.

① **집안일 기반 수입** : 정해진 용돈 대신 잔디 깎기, 동생 돌보기, 집 안 청소 같은 집안일을 하면 그때마다 돈을 받는 방식이다.

② **베이비시팅** : 동네에서 어린아이들을 돌보며 용돈을 버는 가장 흔한 청소년 일자리이다.

③ **반려동물 돌보기** : 개 산책, 고양이 먹이 주기, 이웃이 여행 갈 때 반려동물 돌보기 등으로 수입을 얻는다.

④ **잔디 · 마당 관리** : 이웃집 잔디 깎기, 낙엽 치우기, 겨울철 눈 치우기 같은 계절성 일거리로 돈을 번다.

⑤ **과외 · 학습 도움** : 특정 과목에 강한 청소년은 동네 어린 학생들의 공부를 도와주며 수입을 얻는다.

⑥ **지역 행사 및 플리마켓 참여** : 수공예품, 음식 등을 팔거나 교회 · 지역 축제에서 일손을 돕고 보수를 받는다.

① 우리나라와 가장 큰 차이점은 무엇이라고 생각하나요?

② 이것을 통해 우리나라 청소년들이 어떤 자세를 배워야 한다고 생각하나요?

3장

금융 사기꾼들을 물리치자!

혹시 이런 전화나 문자 받아본 적 있나요?

"야, 나 돈 좀 보내줘, 급해!"라고 하거나, "수사관입니다. 당신의 계좌가 해킹당했으니 비밀번호를 입력하세요!", 또는 "경찰서인데 당신의 계좌가 범죄에 이용되었으니 ○○○－○○○○번으로 전화하세요." 등.

이런 전화나 문자를 받으면 누구나 당황스럽고, 불안할 것입니다.

안타깝게도 요즘은 보이스피싱이나 문자 사기 등 우리 돈을 노리는 나쁜 사람들이 정말 많아요. 이들은 여러분의 불안한 마음을 이용해 돈을 가로채려고 합니다.

하지만 너무 걱정하지 마세요! 여기에서는 이런 금융 사기꾼들의 교활한 속임수를 완벽하게 물리치는 방법을 알려줄 거예요. 또, 여러분의 미래를 위해 지금부터 꼭 지켜야 할 신용점수가 왜 중요한지, 그리고 똑똑하게 돈을 관리하고 불리는 방법까지 함께 알아볼 거예요.

1. 보이스피싱 완전 정복법

1) 보이스피싱 완전 정복법 : 똑똑하게 나를 지켜요!

점심시간, 태현이는 급식실에서 밥을 먹다가 휴대폰을 보았다.

'태현아! 엄마 휴대폰 액정이 깨져서 수리 맡겼어. 아빠에게 급하게 20만 원을 이 번호로 보내라고 전해줘.'

태현이는 깜짝 놀랐지만, 뭔가 이상하다고 느꼈다.

평소 엄마가 이런 식으로 문자를 보낸 적은 한 번도 없었기 때문이다.

옆에서 밥을 먹던 유리가 "왜 그래? 무슨 일 생겼어?" 하고 물었다.

태현이는 문자를 보여주며 말했다.

"엄마가 보냈다는데, 뭔가 수상해."

이야기를 들은 유리는 고개를 좌우로 흔들며 말했다.

"어? 이거 피싱 아니야? 나도 전에 '택배가 반송됐으니 주소를 눌러 확인하세요.'라는 문자 받은 적 있어. 그런 거 누르면 속거나 개인정보 털린대."

그러자 민재가 맞장구쳤다.

"맞아, 우리 할머니도 비슷한 경험을 하셨어. 어느 날 검찰청 검사라고 하면서 할머니 은행 계좌가 해킹당했으니 빨리 돈을 전부 찾아다가 집에서 보관하라는 전화를 받으셨대, 그래서 은행의 돈을 찾아서 불안하게 집에 가지고 와서 장롱에 숨기셨는데, 나중에 알고 보니 사기꾼이었다는 거야. 그때 할머니는 큰 충격을 받고 아주 불안해하셨어."

하림은 조금 걱정스러운 얼굴로 말했다.

"나도 가끔 모르는 번호로 이상한 문자가 오거든. 그런데 이게 진짜인지 가짜인지 어떻게 구별해야 할지 혼란스러워."

유리는 단호하게 말했다.

"일단 모르는 번호로 온 전화는 절대 받으면 안 되고, 특히 돈을 어떻게 하라는 것은 무조건 의심해야 될 것 같아."

태현이는 잠시 망설이다가 말했다.

"근데 솔직히 개인정보가 털리면 왜 위험한 건지 잘 모르겠어? 왜 그렇게

검찰청인데 계좌가 해킹됐어요! 비밀번호를 말하세요!
결국 사기였다는 걸 알고 충격받은 할머니

이상한 문자가 자주 와…. 피싱 구별이 너무 어려워.
모르는 문자는 조심! 특히 돈 이야기하면 무조건 의심!

근데 개인정보를 털리면 왜 위험해?

좋아! 피싱, 개인정보를 자세히 물어보자!

개인정보가 중요한 건지…….”

그러자 민재도 맞장구치듯 말했다.

“어디까지가 개인정보인지도 잘 모르겠어. 이름도 개인정보인가?”

하림은 고개를 끄덕이며 제안했다.

“그렇구나……. 피싱이 불안하긴 하지만 우리가 좀 더 자세히 알아야 할 것 같아. 개인정보의 범위, 피싱의 종류 등 여러 가지를 좀 더 자세히 알아야 그러한 사기를 당하지 않을 것 같아. 마침 우리 옆집에 은행에 다니는 아저씨가 있는데 함께 가서 물어보면 어떨까?”

2) 은행원 아저씨의 치트키!

(학생들은 옆집 은행원 아저씨에게 궁금한 것을 질문하였다.)

“애들아, 지금 너희가 궁금해하는 질문들은 정말 중요하고 시기적절한 이야기란다. 태현이가 받은 문자나 민재 할머니의 사례처럼, 우리 주변에는 돈을 노리는 사기꾼들이 정말 많아. 이런 사기 수법들을 우리는 통틀어 금융사기라고 하는데, 그중에서도 전화로 사람을 속이는 걸 보이스피싱, 문자를 이용하는 걸 스미싱이나 문자피싱이라고 한단다.

사기꾼들은 너희가 상상하는 것보다 훨씬 더 교묘하고 다양한 방법을 이용한단다. 때로는 자녀나 가족을 사칭해서 돈을 요구하기도 하고, 때로는 정부 기관이나 금융 기관을 사칭해서 개인정보를 캐내려 하지. 중요한 건, 어떤 경우에도 돈을 요구하거나 개인정보를 알려달라고 하는 전화나 문자는 99% 사기라는 거야.

그럼 어떻게 해야 할까? 가장 중요한 건 '의심하고 확인하는 습관'이야.

첫째, 의심스러운 전화나 문자는 무조건 경계해야 해. 아무리 긴급한 상황이라고 해도, 아는 번호가 아니라면 일단 의심부터 해야 해.

둘째, 절대로 개인정보를 함부로 알려주면 안 돼. 특히 주민등록번호, 계좌 비밀번호, OTP 번호, 공인인증서 비밀번호 등은 그 누구에게도 알려주면 안 되는 아주 중요한 개인정보야. 이런 것을 알면 누구나 그 계좌에서 돈을 빼갈 수 있어. 이건 너희의 돈과 직결되는 아주 중요한 금고 열쇠와 같으니, 절대 쉽게 남에게 알려주어서는 안 돼.

셋째, 반드시 '진짜'인지 확인하는 절차를 거쳐야 해. 태현이 같은 경우는 먼저 엄마에게 전화해보고, 안 받으면 아빠에게 전화를 해서 알아봐야 겠지? 혹시 가족으로부터 왔는데 이상한 문자라면, 내가 알고 있는 가족 번호로 직접 전화해서 확인해야 해. 경찰이나 은행이라고 사칭한다면, 그들이 알려준 번호가 아니라 112(경찰청)나 해당 은행의 공식 고객센터 번호로 직접 전화해서 확인해야 한단다.

이런 금융사기는 남의 일이 아니라 누구에게나 일어날 수 있는 일이야. 그렇기 때문에 너희들처럼 사회적 경각심을 공유하고 주변 사람들에게도 알려주는 것이 아주 중요해."

3) 이것만은 꼭 알고 가자!

---

① **피싱(Phishing)** : 개인정보(Private Data)와 낚시(Fishing)의 합성어. 인터넷이나 전화를 이용해 개인정보를 불법적으로 알아내 금전적인 피해를 입히는 사기 수법

② **보이스피싱(Voice Phishing)** : 전화를 이용한 피싱. 금융 기관, 수사기관 등을 사칭하여 개인정보나 금융 정보를 알아내거나 돈을 이체하도록 유도하여 금전적인 피해를 입힘.

– 기관 사칭형 : 검찰, 경찰, 금융감독원 등을 사칭하여 "범죄에 연루되었다.", "계좌가 도용되었다." 등의 거짓말로 돈을 송금하게 함.

– 자녀 사칭형 : "자녀가 위험에 처했다."며 돈을 요구하거나 "휴대폰이 고장 났다."며 다른 번호로 연락해 돈을 요구하는 문자를 보냄.

– 대출 사기형 : "저금리 대출로 바꿔주겠다.", "신용등급을 올려주겠다."며 수수료를 요구하거나 기존 대출 상환을 유도함.

③ **스미싱(Smishing)** : 문자 메시지(SMS)와 피싱(Phishing)의 합성어. 문자 메시지에 악성 앱 설치 유도, 가짜 웹사이트 접속 유도 링크를 포함시켜 개인정보를 빼내거나 소액 결제를 유도하는 사기 수법

④ **개인정보 보호** : 이름, 주민등록번호, 연락처, 계좌번호, 비밀번호 등 자신을 특정할 수 있는 정보를 안전하게 관리하는 것. 금융사기 예방의 가장 기본이자 핵심

⑤ **의심스러운 전화 / 문자 주의** : 모르는 번호나 내용이 의심스러운 경우, 절대

통화하거나 링크를 누르지 않고 항상 의심부터 하는 습관

----

4) 우리 함께 도전하자!

활동 : 보이스피싱 탈출작전

• 나에게 이런 전화 / 문자가 온다면 어떻게 해야 할지 답해 보세요.

상황 1 : "○○은행 김대리입니다. 고객님의 계좌에서 해외로 의심스러운 금액이

인출되어 즉시 조치해야 합니다. 지금 알려드리는 앱을 설치하시고 보안 비밀번호

를 입력해주세요."

----

① 이 전화의 어떤 점이 가장 의심스러운지 써 보세요.

____

____

② 이때, 내가 할 행동을 적어보세요.

____

____

상황 2 : (물건을 주문하지 않았는데 모르는 번호로 문자) '[Web발신] [CJ대한통

운] 배송 불가 알림. 주소지 확인 [http://bit.ly/xxxxxx]'

① 질문 : 이 문자를 받고 어떤 점이 가장 의심스러운가요?

____

____

② 이때, 내가 할 행동을 적어보세요.

____

____

2. 신용점수 지키기 대작전

1) "그깟 몇천 원 갖고…"

점심시간, 태현이는 스마트폰으로 새로 나온 게임 아이템을 구경하며

입맛을 다셨다. 한정판으로 나온 캐릭터 스킨이 너무나 갖고 싶었지만,

이번 달 용돈은 이미 바닥을 보이고 있었다. 옆에서 샌드위치를 먹던 민

재를 툭툭 치며 태현이가 조심스럽게 입을 열었다.

"민재야, 나 5천 원만 빌려주면 안 될까? 저 스킨, 오늘까지 특별 할인인데 놓치기 너무 아까워서 그래. 다음 주에 용돈 받으면 바로 갚을게, 응?"

민재는 잠시 망설였다. 지난번에도 태현이는 비슷한 부탁을 했었다. 분식집에서 떡볶이를 사 먹고 돈이 부족하다며 3천 원을 빌려 가서는, 일주일이 넘도록 깜빡했다는 말만 되풀이하다 결국 몇 번이나 독촉한 뒤에야 받았다.

"태현아, 미안한데……. 좀 어려울 것 같아. 지난번에도 약속한 날짜에 바로 안 갚았잖아."

민재의 단호한 말에 태현이의 얼굴이 살짝 붉어졌다.

"야, 내가 안 갚는다고 했냐? 며칠 늦을 수도 있지, 친구 사이에 그깟 몇천 원 갖고 너무 빡빡하게 구는 거 아니야? 진짜 서운하다."

"돈의 액수가 문제가 아니야. '다음 주에 바로 갚을게.'라고 한 건 너의 약속이었잖아. 나는 그 약속을 믿고 빌려준 건데, 네가 약속을 쉽게 잊어버리니까 나도 널 믿고 돈을 빌려주기가 망설여지는 거라고."

"그거랑 이거랑 같으냐! 겨우 3천 원 늦게 갚은 거 가지고 무슨 신용불량자 취급을 하네!"

태현이는 버럭 소리를 지르며 자리를 박차고 나갔다. 혼자 남은 민재는 씁쓸한 표정을 지었다. '분명 작은 돈 문제인데, 왜 이렇게 마음이 불편한

걸까? 정말 내가 너무 빡빡하게 군걸까?' 민재의 머릿속은 복잡해졌다.

2) 선생님의 치트키!

"민재랑 태현이가 아까 한 이야기, 선생님이 우연히 들었어. '믿음'과 '약속'이 친구 사이에서는 사소한 일같이 생각되겠지만, 사실 어른들의 세상에서 그게 정말 중요한 '신용'의 시작이란다."

선생님의 말씀에 태현이는 살짝 뜨끔한 표정을 지었고, 민재는 고개를 끄덕였다.

유리가 궁금하다는 듯이 말했다.

"선생님, 신용카드 할 때 신용 맞나요?"

"맞아, 바로 그 신용이야! 하지만 신용카드는 신용의 한 부분일 뿐, 진짜 의미는 훨씬 크단다. 신용(信用)은 한자 그대로 '사람(人)의 말(言)을 믿는다.'는 뜻이야. 즉, 돈을 제때 갚고, 약속을 제때 이행할 것이라는 믿음을 의미하지. 민재가 태현이에게 돈을 빌려줄지 망설였던 건, 과거의 경험 때문에 태현이의 '갚겠다.'는 약속에 대한 믿음이 흔들렸기 때문이야."

선생님은 태현이를 따뜻하게 바라보며 말씀하셨다.

"태현이가 '그깟 몇천 원'이라고 생각할 수도 있지만, 만약 은행에서 수천만 원을 빌린다고 할 때, '이 사람은 약속을 잘 지키는 사람일까?'를 어떻게 알 수 있을까?"

유리가 눈을 반짝이며 말했다.

"아! 그래서 '신용점수'라는 게 있군요!"

"그렇다! 은행이나 카드사 같은 금융회사는 각 개인의 신용을 점수로 계산한단다. 대출금을 제때 갚고, 카드값을 연체하지 않는 등 약속을 잘 지키면 신용점수가 올라가고, 반대로 약속을 어기고 연체하거나 미납을 하면 신용점수는 낮아진단다."

"신용점수가 높은 사람은 '믿을 수 있는 사람'이라는 증거가 되기 때문에 나중에 집을 살 때 같이 큰돈이 필요할 때, 은행에서 돈을 더 쉽게 좋은 조건으로 빌릴 수 있어. 하지만 신용점수가 낮으면 어떻게 될까?"

태현이가 대답했다.

"… 돈을 빌리기 어렵거나, 아예 못 빌릴 수도 있겠네요?"

"맞아. 심지어 작은 금융 거래조차 거절당할 수 있단다. 즉, 신용은 눈에 보이지 않지만, 미래의 내가 필요할 때 돈을 빌릴 수 있는 소중한 능력인 셈이야. 현대인들은 서로의 믿음을 바탕으로 돈과 물건이 오고 가는 '신용 사회'에 살고 있단다. 친구 사이의 작은 약속도 소중히 여기는 습관이 바로 건강한 신용 사회를 만드는 첫걸음이 되는 거지."

선생님의 설명을 들은 태현이는 민재에게 미안한 마음과 함께, 약속의 무게에 대해 다시 한번 생각하게 되었다.

3) 이것만은 꼭 알고 가자!

---

① **신용(信用, Credit)** : 돈이나 물건을 빌렸을 때, 약속한 날짜에 반드시 갚을 것이라는 사회적 믿음, 미래의 소득을 바탕으로 현재 무언가를 구매하거나 빌릴 수 있는 능력을 의미하기도 함.

② **신용점수(Credit Score)** : 개인의 신용도를 평가하여 숫자로 나타낸 지표. 금융회사는 이 점수를 보고 대출 여부, 한도, 금리 등을 결정함. 점수가 높을수록

신용이 좋다는 의미임.

③ **연체(Delinquency)** : 내야 할 돈(대출 이자, 카드 대금, 통신 요금 등)을 약속
한 날짜보다 늦게 내는 것. 단 하루만 늦어도 기록에 남으며, 신용점수에 나쁜
영향을 주기 시작함.

④ **미납(Non-payment)** : 내야 할 돈을 아예 내지 않고 버티는 것. 연체보다 훨
씬 더 심각하게 신용을 훼손하는 행위임.

⑤ **신용 사회(Credit Society)** : 사회 구성원 간의 '신뢰'를 바탕으로 금융 거래와
경제 활동이 이루어지는 사회. 신용이 없으면 정상적인 경제생활이 어려워짐.

----

4) 우리 함께 도전하자!

활동 1 : 내 삶 속의 '신용' 알아보기

① 미래의 내 신용점수에 어떤 영향을 미칠지 상상하며, 각 행동을 '신용점수 UP' 또
는 '신용점수 DOWN'에 √해 보세요.

행동	신용점수 UP	신용점수 DOWN
1. 휴대폰 요금을 매달 제날짜에 낸다.		
2. 친구에게 빌린 돈 갚는 것을 자꾸 잊어버린다.		
3. '나중에 갚으면 되지.'라는 생각으로 돈을 빌린다.		
4. 갚을 능력을 생각하지 않고 비싼 물건을 산다.		

행동	신용점수 UP	신용점수 DOWN
5. 용돈 기입장을 쓰며 나의 씀씀이를 관리한다.		
6. 도서관에서 빌린 책을 연체하지 않고 반납한다.		

② 다음 설명이 맞으면 O, 틀리면 X에 표시하세요.

번호	내용	O, X
1	은행이나 카드사는 개인의 신용을 점수로 계산하지 않는다.	
2	카드값을 제때 내는 것은 신용점수를 높이는 데 도움이 된다.	
3	신용점수가 높으면 나중에 큰돈을 빌릴 때 불리한 조건으로 빌리게 된다.	
4	신용점수가 낮아도 신용카드를 만들거나 휴대폰을 할부로 사는 데 아무런 문제가 없다.	
5	친구와의 작은 약속을 잘 지키는 습관은 신용의 중요성을 이해하는 첫걸음이 될 수 있다.	

3. 똑똑한 금융 소비자 되기 : 예금, 적금, 펀드, 금융 안전, 금융 문맹 탈출

1) 돈을 빨리 늘리는 방법이 있을까?

방과 후, 하림이와 태현이는 교실에 남아 머리를 맞대고 연구를 하고 있다. 둘의 목표는 단 하나, 최신형 드론을 함께 사는 것! 하지만 드론값 40만 원이라는 가격은 두 사람의 용돈만으로는 까마득하게 느껴졌다.

"자, 지금까지 모은 돈을 합쳐보자!"

하림이가 집에서 소중히 들고 온 돼지 저금통의 배를 가르자 만 원권 몇 장과 천 원짜리, 그리고 동전들이 와르르 쏟아졌다. 태현이도 자신의 서랍 속에 모아둔 돈을 내놓았다. 전부 합치니 8만 4천 원.

"그래도, 꽤 많이 모았네! 이대로 6개월만 더 모으면 살 수 있겠어!"

하림이는 뿌듯한 표정을 지었다.

하지만 태현이의 표정은 시큰둥했다.

"6개월? 너무 길어. 그때 되면 더 좋은 신제품이 나온다고. 뭔가 더 빠른 방법이 없을까?"

하림이는 스마트폰을 뒤적이며 말했다.

"우리 엄마가 그러시는데, 은행에 '적금'을 들면 이자가 더 많다는데, 매달 꾸준히 돈을 넣으면 목표 금액을 조금 더 빨리 모을 수 있을 것 같아."

태현이도 삼촌에게 들은 이야기를 말했다.

"우리 삼촌이 그러는데 '펀드'라는 걸 하면 돈이 막 스스로 일을 해서 돈을 벌어온대! 전문가한테 돈을 맡기면 주식 같은 데 투자를 해서 돈을 확 불려준다는 거지. 그러면 지금보다 더 빨리 드론을 살 수 있을지도 몰라!"

그러나 하림이는 불안한 마음이 들었다.

"투자? 그거 위험한 거 아니야? 만약 돈을 불리기는커녕 잃으면 어떡해?"

"걱정 마! 내가 본 SNS 광고에서는 '원금 보장, 월 20% 수익!'이라고 하

던데? 여기에 넣으면 더 빨리도 가능할 것 같아!"

태현이가 자신이 찾아낸 광고 페이지를 의기양양하게 보여주었다. '절대 손해 보지 않는 기적의 투자법!'이라는 문구가 하림이의 눈에 들어왔다.

과연 태현이의 말처럼, 돈을 쉽고 빠르게 벌 수 있는 마법 같은 방법이 정말 세상에 존재하는 걸까? 하림이의 머릿속은 점점 더 복잡해졌다.

2) 금융 전문가의 치트키!

며칠 뒤, 학교에서는 '청소년 금융 교실'이 열렸다. 증권회사에서 일하는 금융 전문가가 강사로 초빙되었다. 학생들은 귀를 쫑긋 세웠다.

"여러분, 용돈을 어떻게 모으나요? 대부분 저금통을 이용하겠지요? 이것은 돈이 잠자는 것입니다. 잠자고 있는 돈을 깨워서 일을 시켜야 합니다. 바로 '금융 상품'을 통해서죠. 돈에게 일을 시켜서, 돈을 모으고 불리는 방법은 여러 가지가 있어요."

전문가는 세 개의 바구니를 보여주며 설명을 시작했다.

"첫 번째 바구니는 '예금'입니다. 가장 안전한 '돈 보관소'입니다. 돈을 잃을 위험이 거의 없지만, 적은 이자를 주기 때문에 돈이 빨리 늘어나지는 않죠. 그냥 돈을 안전하게 보관하는 게 특징입니다."

"두 번째 바구니는 '적금'입니다. 이건 '돈의 헬스 트레이닝'과 같아요. 목돈 모으기 목표를 정하고, 매달 꾸준히 돈을 저축하는 거죠. 꾸준히 운동하면 근육이 붙는 것처럼, 은행은 약속을 잘 지킨 것에 대한 보상으로 '더 높은 이자'라는 선물을 줍니다. 보통예금보다는 돈이 조금 더 잘 늘겠지요?"

하림이는 고개를 끄덕였다. 자신이 생각했던 방법이었다. 전문가는 마지막 바구니를 들며 태현이를 바라보았다.

"세 번째 바구니는 '펀드'입니다. 이건 '돈의 스포츠팀'을 꾸리는 것과 같아요. 여러 사람들의 돈을 모아, 전문가가 주식이나 채권 같은 여러 선수에게 나눠서 투자를 하죠. 경기에서 이기면 아주 큰 상금(수익)을 얻을 수 있지만, 반대로 경기에서 지면 원래 가지고 있던 돈(원금)까지 잃을 수 있는 위험도 따릅니다. 즉, 높은 수익을 기대할 수 있는 만큼 위험도 크다는 뜻이죠.”

태현이는 “아…….” 하는 작은 탄성을 내뱉었다. 그때, 전문가가 표정을 살짝 굳히며 강조했다.

“여기서 가장 중요한 건 ‘금융 거래 안전수칙’입니다. 태현 학생이 봤다는 ‘원금 보장, 고수익 보장’ 같은 광고, 이건 100% 사기입니다. 세상에 무조건 돈을 벌게 해주는 안전한 투자는 없어요. 마치 모르는 사람이 ‘이 사탕을 먹으면 하늘을 날 수 있다.’고 말하는 것과 같아요. 달콤한 말로 여러분의 소중한 돈을 노리는 ‘금융사기’입니다. 쉽게 큰돈을 만들게 해준다고 장담하는 곳은 절대로 믿으면 안 됩니다.”

전문가는 마지막으로 힘주어 말했다.

“돈에 대해 모르는 것, 즉 ‘금융 문맹’은 깜깜한 밤에 손전등과 지도가 없이 길을 나서는 것과 같아요. 넘어지거나 길을 잃기 쉽죠. 여러분이 지금처럼 금융에 대해 배우고 공부하는 것은, 앞으로의 인생에서 안전한 ‘금융 선택’을 할 수 있는 튼튼한 지도와 나침반을 얻는 과정이랍니다.”

수업이 끝나고, 태현이는 하림이에게 멋쩍게 웃으며 말했다.

“하림아, 네 말같이 우리 안전하게 적금부터 시작하자!”

3) 이것만을 꼭 알고 가자!

----

① **예금(Savings Deposit)** : 목돈을 은행에 자유롭게 맡기고 찾을 수 있는 가장

기본적인 금융 상품. 안전성이 매우 높지만 이자는 낮음(돈의 안전 금고).

② **적금(Installment Savings)** : 목표 금액과 기간을 정해두고 매달 일정한 돈

을 꾸준히 저축하는 상품. 예금보다 높은 이자를 받을 수 있어 목돈 마련에 유리

함(돈의 꾸준한 운동).

③ **펀드(Fund)** : 여러 사람의 돈을 모아 전문가가 대신 주식, 채권 등에 투자하여

수익을 내고 나눠 갖는 간접 투자 상품. 높은 수익을 기대할 수 있지만, 투자 결

과에 따라 원금 손실의 위험이 있음(돈의 스포츠팀).

④ **원금(Principal) / 이자(Interest)** : 원금은 내가 처음에 맡기거나 빌린 돈의

원액을 의미하고, 이자는 그 원금에 대해 약속된 비율로 붙는 추가적인 돈(수익)

을 의미함.

⑤ **금융 문맹(Financial Illiteracy)** : 돈의 관리, 금융 상품 등에 대한 지식이나

이해가 부족하여 합리적인 금융 생활을 하기 어려운 상태

⑥ **금융사기(Financial Fraud)** : 보이스피싱, 불법 금융 광고 등 거짓말이나 속

임수로 다른 사람의 돈을 가로채는 범죄 행위. '원금 보장', '고수익 보장' 등으로

유혹함.

----

4) 우리 함께 도전하자!

① '연 50% 수익 보장'이라는 문자를 받고 상담을 신청했다. (O / X)

－ 이유 : ____

② 은행 비밀번호를 휴대폰 메모장에 적어두었다. (O / X)

－ 이유 : ____

③ 은행에 가서 내 이름으로 된 청소년 적금 통장을 만들었다. (O / X)

－ 이유 : ____

④ 검찰청에서 전화를 해서 내 통장이 범죄에 이용되었으니, 돈을 안전한 곳으로

옮겨야 한다고 말했다. (O / X)

－ 이유 : ____

적금 •　　　　　• 내가 처음에 은행에 맡긴 돈 전체 액수

금융사기 •　　　　　• 여러 사람의 돈을 모아 전문가가 대신 주식,

채권 등에 투자하여 수익을 내고 나눠 갖는 상품

원금 •　　　　　• 돈의 관리, 금융 상품 등에 대한 지식과 이해가

부족함.

펀드 •　　　　　• 목표 금액과 기간을 정해두고 매달 일정한

돈을 꾸준히 저축하는 상품

금융 문맹 •　　　　　• 불법 금융 광고 등 거짓말이나 속임수로

다른 사람의 돈을 가로채는 범죄 행위

돈 굴리기 고수 되기

| 진흥섭 |

사랑하는 사람과 행복한 시간을 보내려면, 돈의 흐름을 제대로 이해하는 것이 중요합니다. 자본주의 사회에서 돈의 원리를 알면, 어느새 자산이 늘어나 여유롭고 행복한 삶을 누릴 수 있습니다.

이를 위해 꼭 필요한 것이 바로 '부자되는 돈 공부'입니다.

'Part 4'에서는 돈의 기본 원리, 안전한 투자 방법, 복리의 힘 그리고 경제 뉴스 · 세금 · 연금을 통해 돈을 현명하게 키우고 지키는 방법을 배웁니다.

부자되는 돈 공부

부자가 되는 경제 키워드

이 장에서는 나라 안에 돈이 얼마나 풀리는지, 그 돈이 물가에 어떤 영향을 주는지를 알아봅니다. 그리고 돈이 부족할 때, 현명하게 빚을 지는 방법도 함께 배웁니다. 물건을 사고팔 때, 우리가 사용하는 '돈의 규칙', 즉 화폐의 역할과 교환의 원리도 함께 살펴봅니다.

돈은 단순한 종이나 숫자가 아니라, 세상을 움직이는 힘입니다. 이 힘의 흐름을 이해해야 앞으로의 금융 생활에서 주체적으로 결정하고 행동할 수 있습니다.

1. 통화량과 물가의 관계 알기

1) 약해진 돈의 힘

민재는 어느 날 저녁, 부모님께서 하시는 말씀을 우연히 들었다.

"10년 전에 비해 통화량이 두 배로 늘었다는데, 우리 자산은 제자리이고, 물가만 두 배나 올랐네요."

다음 날, 민재는 태현이에게 물었다.

"우리나라 돈의 양이 10년간 두 배 늘었대."

태현이가 놀라며 말했다.

"그럼, 나라가 두 배 부자가 된 거 아냐?"

민재가 고개를 저었다.

"10년간 라면값이 2배가 됐대. 결국 돈이 약해진 거지."

그때 유리가 끼어들었다.

"돈이 많아져도 물가가 오르면 똑같잖아. 부자가 되는 게 아니네, 뭐."

민재도 고개를 끄덕였다.

"그래서 물가가 오르는 동안은 돈을 가지고 있는 것보다 땅이나 물건을 갖는 게 더 낫기도 하고, 빚도 때론 이득일 수 있대."

돈이 10년 만에
두 배래!

예전엔
천 원이던게….

지금은 이천 원.
돈의 힘이 약해졌어.

돈을 쌓아 두고
쓰면 손해네~.

맞아!
돈 가치는 줄어.
투자와 관리가
필요해.

물건 사서 쌓아
두는 게 더 낫지.

2) 선생님의 치트키!

"세 친구는 처음으로 '돈은 숫자에 불과하다.'는 걸 깨달았군요. 혹시 여러분도 물건값이 오르는 것을 생활 속에서 경험해 본 적 있나요?

이것이 바로 '통화량 증가'와 그에 따른 '인플레이션'이에요.

통화량은 한 나라에 풀린 돈의 양이에요. 은행 대출이 늘거나 해외 거래가 많아지면 증가하지요. 통화량이 두 배로 늘면 돈의 가치는 두 배로 떨어져 같은 물건을 사려면 두 배의 돈이 필요해요.

이를 인플레이션이라 불러요. 그런데 단순하게 이론만 알기보다는 현명하게 생활하려면 이렇게 대비해 보세요.

현금을 그대로 두지 말고, 물가와 함께 가치가 오르는 자산, 예를 들어 부동산이나 주식에 투자하세요. 내 자산이 제자리라면 사실상 줄어든 거예요. 같은 1억이라도 10년 전과 지금은 무게가 달라요.

한편, 빚도 전략적으로 쓰면 도움이 돼요. 돈의 가치가 많이 떨어지는 시기라면, 과거에 진 빚을 갚는 것은 오히려 쉬운 일이 되지요. 그렇다고 대책 없이 많은 빚을 지는 것은 위험하니 반드시 계획이 필요해요.

그럼 왜, 통화량이 늘어날까요?

예를 들어 볼게요. 무인도에 은행장, 요리사, 목수 세 사람만 살고 있고, 무인도 전체에 10만 원만 있다고 가정해 봅시다.

어느 날 요리사가 식당을 멋지게 짓고 장사를 하려고 은행에서 10만 원을 빌리고 은행은 이자 1만 원을 붙여 요리사에게 빌려줍니다. 요리사는 빌린 돈으로 목수에게 돈을 주며 식당을 짓도록 합니다. 열심히 돈을 번 요리사는 이제 은행장에게 빌린 돈 10만 원과 이자 1만 원을 내려고 했는데, 섬 전체의 돈이 10만 원뿐이므로, 모두 갚으려면 섬 안의 돈만으로는 불가능하게 되지요.

이때, 이자를 갚기 위해서는 새로운 돈이 필요하고, 결국 은행은 통화량을 늘릴 수밖에 없습니다. 즉, 대출이 존재하는 경제에서는 빌린 돈에 대한 이자를 갚기 위해 지속적인 통화량 증가는 어쩔 수 없는 선택이죠.

지금 예를 든 이 시스템은 경제를 활발하게 만들지만, 지나치면 물가가 오르는 인플레이션의 부작용이 생겨요.

이때, 정부가 나서서 이를 조절해야 할 때가 있어요. 경기가 나쁘면 돈을 풀어 소비를 늘려야 가게와 회사가 버티고, 사람들이 일자리를 유지할 수 있지요.”

3) 이것만은 알고 가자!

- **통화량이란 시중에 풀려 있는 돈의 총량이에요. 우리나라에선 10년마다 대략 2배씩 늘어나요.**

- **통화량이 늘어나면 왜 재산이 줄어들까?**
  - 사람들 손에 돈이 많아지면 파는 사람은 물건을 더 비싸게 팔 수 있어요.

– 그 결과 물가 상승(인플레이션)이 일어나요.

– 10년 전엔 1천 원으로 빵 2개를 샀는데, 지금은 1개밖에 못 사요. 결국 돈의 실질

　가치가 줄어든 거예요!

• 그냥 저축만 하면 손해일까?

– 통장의 이자보다 물가가 더 빨리 오르면 손해예요.

– 물가가 오르면, 예전보다 같은 돈으로 살 수 있는 게 줄어들기 때문이에요.

• 재산이 두 배가 되지 않으면?

– 10년 동안 돈의 양이 두 배가 됐는데 내 재산은 그대로라면 나는 상대적으로 '가

　난해진 거'예요.

---

4) 이것만은 하고 가자!

'저축이냐, 실물자산이냐?'

당신은 지금 500만 원을 가지고 있습니다.

앞으로 10년간 매년 3% 이자가 붙는 통장에 그대로 둘 수도 있고, 혹은 10년 뒤에도 가치가 유지될 확률이 높은 자산(예 : 금, 토지, 우량 주식 등)에 투자할 수도 있습니다.

선택 A	선택 B
안정적인 통장을 선택한다. 이자라도 조금씩 모으면 되니까.	인플레이션을 고려해 자산에 투자한다. 리스크는 있지만, 돈의 실질 가치를 지키고 싶다.

① 통장에 돈만 두었을 때, 인플레이션에 어떤 영향을 받게 되나요?

② 당신이라면 어떤 전략을 택하겠습니까? 이유는 무엇인가요?

2. 똑똑한 빚은 지렛대!

1) 빚은 나쁜 걸까?

"여보. 우리도 빚을 내야겠네요. 이번에 이사를 안 가면 아이들 학교도 너무 멀고 불편해요."

부모님의 말씀이었다. 이 때문에 민재는 생각이 복잡해졌다.

'우린 열심히 아끼는데, 왜 자꾸 빚을 내야 하지?'

다음 날 민재는 친구 태현이에게 속마음을 털어놓았다.

"우리도 집 살 때 꼭 필요해서 은행에서 돈을 빌렸대, 빚은 나쁜 거 아닐까?"

그때 삼촌이 웃으며 끼어들었다.

“그래, 민재야. 빚은 없는 돈을 쓰는 게 아니라, 더 나은 삶을 위해 쓰는 선택이 될 수도 있단다.”

민재는 ‘필요할 때 빚을 지게 되는구나!’ 하고 집으로 돌아왔다. 그런데 집안 분위기는 무거웠다.

“어휴……. 금리가 올랐다고?”

아버지는 한숨을 쉬며 말했다.

“대출금리가 두 배나 올랐어. 그렇게 되면 이자 내기가 너무 힘들어질 텐데……. ”

예전처럼 웃음 많던 식탁은 조용해졌고, 아버지의 표정도 어두워졌다.

민재는 걱정스레 친구에게 말했다.

“우리 아빠가 집 살 때 1억을 빌렸대. 그땐 이자가 5%라 한 달 40만 원이었는데, 지금은 10%라서 80만 원이 넘는대.”

태현이는 놀라며 말했다.

“헉, 80만 원이면 웬만한 월세네!”

2) 선생님의 치트키!

“빚은 지렛대처럼 가정·회사·나라에서 미래를 위한 투자에 꼭 필요할 때 쓰여요. 예를 들어 회사는 공장을 짓고, 사람을 뽑고, 재료를 사야

집 사려면
대출이 필요해.

부채는
미래의 지렛대야.

이자가
두배나 올랐네?
그럼
어쩌죠?

부채는
양날의 검이에요!
필요할 때만
신중히 써야 하는구나!

하지만 자체 자금만으로는 어렵지요. 그래서 미래 이익을 기대하며 돈을 빌립니다. 이렇게 빚을 내 공장을 세우고 연구개발에 투자하면 회사는 성장하고, 일자리를 늘려 경제에도 도움이 돼요.

나라 역시 전쟁이나 재해 같은 큰일이 생기면 세금만으로는 부족한 돈을 빚으로 마련합니다. 도로·철도·병원 같은 기반시설, 복지·교육비도 미래를 위한 투자이지요. 또, 경기가 어려울 때는 일자리를 잃은 사람이나 문을 닫은 가게를 도와주는 안전망이 됩니다.

결국 중요한 건 '빚을 왜, 어떻게 쓰느냐?'예요. 무계획하게 빚을 지면 큰 위험에 빠질 수 있습니다. 금리가 오르면 이자가 늘고, 제때 못 내면 연체가 시작돼요. 그러면 신용등급이 떨어지고, 더 이상 대출이나 신용카드를 쓰기 어렵습니다. 게다가 연체이자까지 붙어 처음보다 훨씬 많은 돈을 내야 하죠. 즉, 부채는 양날의 검이에요. 잘 쓰면 삶을 돕는 도구가 되지만, 무분별하면 위험한 짐이 됩니다. 그래서 우리는 돈 공부를 통해 꼭 필요한 순간에만 신중하게 빚을 써야 해요."

3) 이것만은 알고 가자!

• 부채의 본질

– 부채는 단순한 '빚'이 아니라, 미래를 앞당기는 도구다.

– 나라, 기업, 가정 모두 현재의 필요나 미래를 위한 투자를 위해 부채를 활용한다.

• 나라의 부채

– 전쟁·재해, 인프라 건설, 복지 지원, 경기 부양 등 꼭 필요한 지출에 사용됨.

– 계획이 없는 과도한 부채는 국가 경제에 큰 위험이 될 수 있음.

• 기업의 부채

– 공장 건설, 신제품 개발, 운영비 등 사업 확대나 운영 유지를 위한 자금 조달에

　사용

– 성공하면 경제 성장에 도움이 되지만, 실패하거나 수익이 없다면 도산 위험 존재

• 가계의 부채

– 주택 구입, 교육비, 의료비, 창업 등 일상생활과 미래 투자목적의 지출에 활용

– 소득과 상환 계획이 없다면 가정 경제에 큰 타격을 줌.

• 금리의 영향

– 금리가 오르면 부채의 이자 부담이 급격히 증가함.

– 이자 연체 → 신용 하락 → 연체이자 발생 → 기한이익 상실 → 자산 압류로 이

　어질 수 있음.

----

4) 이것만은 하고 가자!

내용을 읽고 물음에 답해 보세요.

민재는 대학 등록금을 위해 1천만 원을 빌렸습니다.
금리는 연 5%, 상환 기간은 5년입니다.
단리 방식으로 매년 이자를 계산한다고 할 때, 민재는 총 이자를 얼마나 내야 할까요?

① 총 이자는 얼마인가요?

계산식 : 1,000만 원 × 5% × 5년 = ___________ 원

② 민재가 5년 동안 갚아야 할 총금액은 얼마인가요?

원금 + 이자 = ___________ 원

3. 경제의 체온계는 금리입니다

1) 지금의 5만 원 vs 1년 뒤 5만 5천 원

어느 날, 친구 태현이가 다가와 고민을 털어놓았다.

"민재야, 이번에 삼촌이 나한테 5만 원을 준다는데, 선택하래. 지금 바로 5만 원을 받을지, 아니면 1년 뒤에 5만 5천 원을 받을지 말이야."

민재는 고민할 것도 없다는 듯 대답했다.

"당연히 지금 받는 게 좋지! 그 돈으로 내가 사고 싶은 게임기 바로 살 수 있잖아."

하지만 태현이는 고개를 갸웃했다.

"그런데 엄마는 기다리는 게 더 낫다고 하시더라고. 5천 원이 더해지는 거니까……."

그날 오후, 경제 수업 시간.

민재는 수업이 시작되자마자 손을 번쩍 들고 물었다.

"선생님! 돈은 지금 받는 게 좋다고들 하는데, 진짜 그런가요? 그리고 왜 그런 건가요?"

지금 5만 원 vs
1년 뒤 5만 5천 원,
뭐가 더 나아?

왜 지금 돈이
더 좋아요?

금리는 경제의
체온계야.
그래서 오르락
내리락 하는구나!

금리는 경제상황에
따라 달라진단다.
금리가 오르면
누구에게 좋을까?

2) 선생님의 치트키!

"좋은 질문이야, 시간이 지날수록 돈의 가치가 달라지기 때문이야. 이를 경제에서는 '시간의 가치'라고 한단다."

민재가 고개를 갸웃하자 선생님은 이어 설명했다.

"예를 들어, 태현이가 지금 5만 원을 받을 수도 있고 1년 뒤 5만 5천 원을 받을 수도 있지? 기다리면 5천 원이 더해지는데, 이게 이자야. 이때 이자율은 10%가 되지. 그래서 금리는 돈의 시간적 가치를 숫자로 보여주는 거야. 은행에 5만 원을 맡기고 연 2%라면 1년 뒤 5만 1천 원이 돼. 반대로 돈을 빌리면 이자를 내야 하고, 대출금리는 예금보다 높단다. 위험이 따르기 때문이지."

민재가 다시 물었다.

"맞다. 요즘 한국은행이 또 금리를 올렸다고 하던데, 금리는 왜 오르기도 하고 내리기도 하나요?"

선생님은 칠판에 '금리 인상'이라고 쓰며 설명했다.

"금리는 경제의 체온계와 같단다. 물가가 너무 오를 때, 경기가 과열될 때, 가계·기업 빚이 많을 때, 외국 자본이 빠져나가려 할 때 오르지."

"그럼 외국과의 관계 때문에도 금리가 오를 수 있어요?"

"그럼. 미국 같은 큰 나라가 금리를 올리면 우리도 따라 올리는 경우가 많아. 달러 가치, 국제 유가도 영향을 주게 되지."

"그럼 반대로 금리는 왜 내리나요?"

"경기가 나쁠 때 소비와 투자를 늘리기 위해서야. 물가가 낮거나 가계·기업의 이자 부담을 줄일 때도 내리지. 해외 경기가 침체되면 나라들이 함께 금리를 낮추기도 한단다."

민재는 정리하듯 말했다.

"결국 금리는 나라 안팎의 경제 상황을 모두 보고 조절하는 거네요."

"맞아!"

그때 태현이가 다시 물었다.

"그럼 은행 말고 다른 데도 이자를 주는 곳이 있어요?"

"좋은 질문이야. 바로 채권이야. 정부나 기업이 돈을 빌리며 약속하는 증서지. 금리가 오르면 옛날 채권값은 떨어지고, 금리가 내리면 반대로 오르기도 한단다."

3) 이것만은 알고 가자!

• **금리(이자율)란?**

– 돈을 빌릴 때 주고받는 사용료의 비율입니다.

– 보통 '이자 ÷ 원금'으로 계산합니다.

• **왜 이자가 필요할까?**

– 돈을 빌려주는 동안 쓸 수 없으니 보상이 필요합니다.

- 시간이 지날수록 물가가 오르기 때문에 시간의 가치 보존

•금리는 왜 중요할까?

- 예금 : 은행에 돈을 맡기면 이자를 받음(→ 내가 은행에 빌려준 것).

- 대출 : 은행에서 돈을 빌리면 이자를 냄(→ 내가 빌린 것).

- 보통 대출 이자 > 예금 이자

•채권이란?

- "돈을 빌려주면, 일정 기간 뒤에 이자를 붙여서 갚을게요"라는 약속 증서. 정부나

회사가 발행함.

•금리와 채권의 관계

- 금리 상승 → 새 채권 이자 많아짐 → 예전 채권 인기↓, 가격↓

- 금리 하락 → 예전 고금리 채권 인기↑, 가격↑

4) 이것만은 하고 가자!

보기를 읽고 물음에 답해 보세요.

태현이는 6개월 뒤 여행을 계획하고 있어요.

현재 가진 돈은 50,000원입니다. 은행에서 6개월 정기예금으로 연이율 4%(단리 기준)를 준다고 합니다.

현재 여행 티켓 가격은 50,000원입니다.

6개월 뒤 티켓 가격은 50,800원으로 오를 예정입니다.

Q1. 이 돈을 예금하면 6개월 뒤 받을 수 있는 총금액은 얼마인가요?

Q2. 태현이는 지금 티켓을 사는 것이 유리할까요, 아니면 저축 후 나중에 사는 것이 유리할까요?

4. '세계 경제의 신호등'인 환율

1) 나라 간 돈의 힘

요즘 민재는 일본 여행을 준비 중이었다. 열심히 용돈을 모으며 인터넷으로 항공권과 물가를 알아보던 중, 이런 기사를 보게 되었다.

『엔화 환율 급등! 여행 경비 부담 커져』

민재는 눈살을 찌푸리며 중얼거렸다.

"아니, 엔화가 비싸지면 왜 내가 손해를 보지? 그냥 똑같은 돈 아닌가?"

그 궁금증을 안고, 민재는 수업 시간에 손을 들었다.

"선생님! 뉴스 보니까 '환율이 오르면 여행 경비가 커진다.'고 하던데요. 저는 일본 여행 준비 중인데……. 환율이 오르면 왜 제가 손해를 보는 거예요?"

옆자리의 태현이도 고개를 갸웃거리며 속으로 생각했다.

'그럼 해외여행, 외국 대학 다니는 사람들도 다 손해겠네? 기업들도 영향이 있는 걸까?'

해외 가는데 환율이 오르면 왜 내가 손해지?

환율 = 외국 돈의 가격
환율이 오르면 외국 여행 비용이 더 들어요.

같은 2달러지만 오른 환율로 더 비싸구나!
BURGER
$2

환율이 오르면 수출 기업은 더 이익이지.
이제 환율 뉴스가 이해 되었어요!

2) 선생님의 치트키!

"환율은 달러, 엔화, 유로처럼 외국 돈이 우리나라 돈으로 얼마만큼의 가치를 가지는지를 나타내는 숫자란다. 예를 들어, 1달러가 1,200원이었는데 오늘은 1,300원이 됐다면, 같은 1달러를 사는 데 100원이 더 필요하다는 뜻이야."

"그럼 제가 일본 여행 가려고 돈을 모으는 입장에선 손해인 거네요?"

"맞아! 해외여행이나 외국에서 물건을 살 땐 불리해진단다. 같은 물건을 사더라도 더 많은 원화가 필요하니까. 또한 예를 들어, 전력 회사는 석유와 가스를 달러로 사오니까, 환율이 오르면 비용이 커진단다."

그러자 민재가 다시 물었다.

"그럼 환율이 오르는 건 모두에게 좋지 않은 거네요?"

"그렇게만 볼 순 없어. 반대로 수출 기업에겐 이득이 돼. 외국에서 받은 달러를 원화로 바꿀 때 더 많은 원화를 얻게 되거든. 외국인 입장에서는 한국 제품이 더 싸 보이니 수출이 늘어나기도 하고."

칠판에는 이렇게 적혔다.

『환율이 오르면? 수입과 여행 = 불리, 수출 = 유리』

"아, 그렇구나. 그런데 선생님, 환율은 왜 자꾸 바뀌는 걸까요?"

선생님은 환하게 웃으며 말을 이어갔다.

"좋은 질문이다. 환율은 단순한 숫자가 아니라, 세계 경제를 보여주는 신호등 같은 거야. 바뀌는 이유는 여러 가지가 있지."

그리고 하나씩 설명하셨다.

"먼저 달러를 사려는 사람이 많으면 환율이 오르고, 팔려는 사람이 많으면 내려간단다. 그리고 미국 금리가 우리나라보다 높으면 달러 수요가 늘어나 환율이 올라간단다. 국제정세나 한국은행 등이 개입해도 변할 수 있어.

이제 뉴스에서 '환율'이란 단어를 들으면 누가 이득을 보고, 누가 불리한지 한 번 생각해 봐라. 그러면 경제가 더 재미있어질 거다."

3) 이것만은 알고 가자!

- -

· 환율이란?

– 외국 돈 1단위를 우리나라 돈으로 바꾸는 가격

· 환율이 오르면?

– 해외여행, 해외직구, 유학비용 → 더 비싸짐.

– 수출기업 → 원화로 환전 시 더 많은 돈을 벌어 유리함.

– 수입기업 → 원자재나 물건을 살 때 돈 더 많이 들어 불리함.

· 환율이 내리면?

– 해외여행, 외국 상품 구매 → 더 저렴해짐.

– 수출기업 → 외국에서 보면 한국 제품이 비싸게 느껴져 수출에 불리

– 수입기업 → 원가 부담 줄어 유리함.

•**환율이 바뀌는 이유**

– 외환 수요와 공급 : 외국 돈을 사려는 사람이 많으면 환율 ↑

– 팔려는 사람이 많으면 환율 ↓

– 금리가 높은 나라에 돈이 몰려서 그 나라 환율 ↑

– 수출 > 수입이면 외화 유입으로 환율 ↓

– 수입 > 수출이면 외화 유출로 환율 ↑

– 전쟁, 금융위기 시 안전자산(달러) 수요 ↑ → 환율 ↑

– 중앙은행의 개입 : 환율을 안정시키기 위해 달러를 사고팔며 인위적으로 조절

---

4) 이것만은 하고 가자!

① 아래 표를 보고 물음에 답하세요.

민재와 유리는 나란히 미국 주식에 1,000달러씩 투자했어요.

하지만 두 사람의 투자 시기와 환율, 주가 수익률이 달랐어요.

투자자	투자 시점	환율(1달러당 원화)	주가 수익률	현재 환율
민재	작년	1,100원	+10%	1,100원(변동 없음)
유리	올해	1,000원	+3%	1,400원(환율 상승)

Q1. 민재와 유리, 각각 투자 당시 얼마의 원화를 썼나요?

민재 : 1,000달러 × 1,100원 = (　　　　　)원

유리 : 1,000달러 × 1,000원 = (　　　　　)원

Q2. 현재 두 사람의 미국 주식은 몇 달러가 되었나요?

민재 : 1,000달러 × 1.10 = (　　　　　) 달러

유리 : 1,000달러 × 1.03 = (　　　　　) 달러

Q3. 각각 현재 원화로 환전하면 얼마인가요?

민재 : (　　　　　) 달러 × 1,100원 = (　　　　　)원

유리 : (　　　　　) 달러 × 1,400원 = (　　　　　)원

Q4. 결과적으로 누가 더 이익인가요?

→ ☐ 민재 ☐ 유리

→ 이유 : ____

2장

부자가 되는 세 가지 원리

누군가는 '투자'와 '투기'를 혼동하고, 누군가는 '한 방'만을 노리다 잃기도 합니다. 또 어떤 사람은 충분한 시간이 있었음에도 불구하고 복리의 힘을 깨닫지 못해 기회를 놓치곤 합니다.

부자가 되는 길에는 비밀스러운 지름길이 있는 것이 아닙니다. 오히려 단순하지만, 누구나 간과하기 쉬운 원리를 이해하고 지켜나가는 것이 중요합니다.

'투기가 아닌 투자 알기', '포트폴리오로 분산하기', '복리의 시간 활용하기.' 이 세 가지 원리만 제대로 이해해도 돈은 더 이상 두려움의 대상이 아니라 든든한 동반자가 될 수 있습니다.

1. 투기가 아닌 투자 알기

1) 동전 게임!

"얘들아, 만약 이런 동전 게임이 있다면 너희는 할래? 앞면이 나오면 50만 원을 잃고, 뒷면이 나오면 100만 원을 버는 게임이야."

교실은 잠시 조용해졌고, 곧 민재가 손을 들었다.

"저는… 안 할래요. 앞면 나오면 너무 큰돈을 잃는 거잖아요."

태현도 고개를 끄덕이며 말했다.

"운이 나쁘면 다 잃을 수도 있잖아요. 이건 너무 위험해 보여요."

2) 선생님의 치트키!

선생님은 고개를 끄덕이며 칠판에 '투기'라는 단어를 적었다.

"지금 말한 이 게임은 '투기'와 비슷해요. 결과가 운에 달려 있고, 한 번의 실패가 큰 손실로 이어질 수 있죠. 실제로도 이렇게 '한 방'에 걸었다가 전부를 잃는 경우가 많아요. 무계획한 도전, 도박과 비슷한 구조예요."

"이번엔 규칙을 바꿔볼게요. 한 판에 500원을 걸고, 앞면이 나오면 500원 손해, 뒷면이면 1,000원 이익이에요. 이 게임을 천 번 할 수 있다면, 해 볼래요?"

아이들의 표정이 달라졌다.

"음… 한 판에 손해가 크지 않네요."

"많이 하면 이득일 것 같은데요?"

선생님은 미소를 지으며 말했다.

"맞아요. 이 게임은 감당 가능한 손해 속에서 반복할수록 이익이 쌓이는 구조예요. 이것이 바로 '투자'의 특징이에요.

칠판에는 식이 적혔다.

기댓값 = (0.5 × 1,000원) + (0.5 × -500원) = +250원

"즉, 한 판마다 평균 250원을 벌게 되고, 1,000번 반복하면 25만 원의 이익이 생겨요. 이는 단순한 운이 아니라 횟수가 많을수록 실제 결과는 평균값에 가까워집니다. 그래서 투자는 한두 번 성패가 아니라 장기적인 구조가 중요하죠.

투자와 투기는 겉보기엔 비슷하지만 다릅니다. 투자는 장기적으로 가

동전던지기
앞면 −50만 원
뒷면 +100만 원!
할래요?
안할래요!
너무 위험해요.

그럼,
앞면 −50원
뒷면 +100원!
만 번 할래요?
음... 이건
해볼만 해요.

평균 +250!
많이 할 수록
이익이 되요.
투자와 투기는
다르구나!

치 상승을 기대할 만한 이유가 있는 자산에 시간과 돈을 들이는 것이에요. 반면 투기는 근거 없이 운에 따라 단기 차익을 노리는 행동이죠. 즉, 투자는 기댓값이 플러스인 구조를 오래, 작게, 여러 번 반복하는 전략이고, 투기는 단기간 위험하지만 한 번에 이익을 얻고자 하는 거죠.

좋은 투자자들은 또 분산합니다. 여러 종목뿐 아니라 기간도 단기 · 중기 · 장기로 나눠 변동성을 줄이죠. 또, 주식 · 부동산뿐 아니라 공부 · 독서 · 기술 습득처럼 자기 능력을 키우는 것도 가장 중요한 투자예요.

우리 사회는 과거 투기적 사례 때문에 '투자'라는 말에 거부감을 느끼지만, 본래 투자는 미래를 준비하는 방법이에요. 건전한 투자 습관은 경제적 불안을 줄이는 데 꼭 필요합니다. 특히 인플레이션으로 돈의 가치가 줄어드는 시대에는 기본적인 투자가 필수예요."

3) 이것만은 알고 가자!

· 기댓값(Expected Value)

어떤 선택을 여러 번 반복했을 때 평균적으로 기대할 수 있는 수익을 말해요.

예 : (0.5 × 1,000원) + (0.5 × −500원) = +250원

· 투기(Speculation)

단기적으로 큰 이익을 노리며, 결과가 운에 좌우되는 방식

한 번에 큰돈을 걸고, 잃을 가능성도 큼.

예 : 앞면 나오면 50만 원 잃고, 뒷면 나오면 100만 원 버는 게임

· **투자(Investment)**

장기적으로 반복해서 기댓값이 플러스가 되는 활동

손실을 줄이고, 다양한 종목과 시간에 걸쳐 분산함.

예 : 한 번에 500원을 걸고, 기대수익이 +250원인 게임을 1,000번 하는 경우

· **좋은 투자의 3가지 원칙**

① 기댓값이 플러스인지 판단하자.

② 시간을 길게 보고 반복하자.

③ 다양하게 나누어 분산하자.

---

4) 이것만은 하고 가자!

아래 보기를 보고 물음에 답해 보세요.

한 게임이 있어요. 규칙은 다음과 같아요.

동전을 한 번 던질 때,

– 앞면이 나오면 1,000원 손해

– 뒷면이 나오면 2,000원 이익

이 게임은 한 번에 1,000원씩 걸고, 100번 반복할 수 있어요.

Q1. 이 게임의 한 판당 기댓값을 계산해 보세요.

기댓값 = (앞면 확률 × 손해 금액) + (뒷면 확률 × 이익 금액)

→ 기댓값 = (0.5 × −1,000원) + (0.5 × 2,000원) = _________ 원

Q2. 이 게임을 100번 하면 평균적으로 얼마의 이익이 생기나요?

→ _________ 원 × 100 = _________ 원

Q3. 이 게임은 투자일까요, 투기일까요? 이유를 함께 써 보세요.

→ □ 투자 □ 투기

→ 이유 : ____

2. 달걀을 여러 바구니에 나누어 담아라!

1) 삼촌의 주식 걱정

"요즘 삼촌이 표정이 안 좋아. 며칠 전부터 계속 뉴스를 보고, 한숨만 쉬어. 아침에도 '이럴 줄 알았으면 나누어 담는 건데…….' 하고 혼잣말하더라."

민재의 삼촌은 얼마 전 주식 하나에 큰돈을 투자했다.

이 종목은 무조건 오른다고 확신에 찬 얼굴로 말하던 삼촌은 요즘 주가가 떨어지자 걱정이 많아졌다. 짧은 기간 안에 큰 수익을 노렸지만, 오히려 마음의 불안만 커졌다.

그날 오후, 민재는 경제 수업 시간에 손을 번쩍 들었다.

"선생님, 혹시 '포트… 뭐더라? 포트폴리오?' 그게 뭐예요? 오늘 뉴스에서 '돈을 한 바구니에 담지 말라.'는 말을 들었는데요, 사실은… 삼촌 얘기를 좀 해도 될까요?"

2) 선생님의 치트키!

"좋은 질문이에요, 민재야. 이 말은 금융 분야에서 아주 유명한 속담이랍니다. 달걀을 한 바구니에 담으면, 그 바구니가 떨어졌을 때 모든 달걀이 깨질 수 있겠지요? 돈도 마찬가지예요. 한 군데에만 넣어두면 위험이 커요. 그래서 '포트폴리오'가 중요한 거예요. 쉽게 말해, 돈을 여러 갈래로 나누어 관리하는 방법이지요."

선생님은 칠판에 동그라미를 그리고, 여러 화살표로 나누어 설명했다.

"예금, 채권, 주식, 부동산, 금, 외화, 콘텐츠 수익 등, 이렇게 나누면 한쪽에서 손해를 봐도 다른 쪽에서 이익이 나서 전체를 지킬 수 있어요.

그리고 지난 시간에 배운 대수의 법칙 기억나나요? 하나만 보면 결과를 예측하기 어렵지만, 여러 개를 보면 전체적으로 안정적인 결과가 나온다는 원리였지요. 투자도 똑같아요. 다양한 종목과 자산에 나누어 투자하면, 전체적인 위험이 줄어드는 거예요. 2가지 구체적인 사례를 들어볼게요.

첫 번째 사례는 '2008 금융위기'입니다. 미국의 대표 지수 S&P500은 -38.5% 하락했고, 금융주는 -50%~-80% 폭락했어요. 하지만 금은 오히려 +5.8% 상승, 미국 국채도 안전자산으로 주목받으며 가격이 올랐지요.

두 번째 사례는 '코로나 시기'로 항공, 여행, 외식업 관련 주식은 -60% 가까이 폭락했지만, Zoom은 +396%, Amazon은 +76%, Netflix는 +67% 상승했어요. 금값도 사상 최고가인 2,070달러 / 온스를 기록했답니다.

이처럼 위기 때마다 포트폴리오를 잘 구성한 사람은 전체 자산을 지켜낼 수 있었습니다. 하나에 몰아넣는 대신, 다양하게 나누는 것. 그게 바로 위기를 견디는 지혜입니다."

선생님은 포트폴리오의 4가지 유형을 칠판에 적었다.

안정형 : 예금, 채권, 연금 중심

도전형 : 주식, 부동산 중심

창의형 : 유튜브, 콘텐츠, 저작권 수익 활용

균형형 : 안전성과 수익의 조화

"예를 들어, 은희 이모는 예금 30%, 채권 30%, 배당주 20%, 오피스텔 월세 수익 20%로 구성했어요. 이런 사람을 안정형 투자자라고 해요. 반면, 삼촌은 디자인 저작권료, ETF, 상가 월세, 연금보험, 온라인 강의 등 다양한 수익원을 갖고 있지요. 바로 포트폴리오형 수입 구조입니다.

요즘은 AI로 콘텐츠를 만들어 수익을 얻는 사람들도 많아요. AI로 책을 쓰거나, 그림을 만들고, 동영상이나 쌍방향으로 강의도 해요. 이처럼 자신의 능력을 올리는 것도 엄연한 투자로 볼 수 있답니다."

3) 이것만은 하고 가자!

- -

· 포트폴리오란?

돈을 여러 분야로 나누어 관리하는 방법

위험을 줄이고, 안정적으로 돈을 지키기 위한 전략

· 왜 필요할까?

하나에만 투자하면 큰 손실 위험 있음.

여러 수단에 나눠두면 한쪽 손해를 다른 쪽 이익이 보완 가능

· 포트폴리오 구성 예시

유형	특징	구성 비율 예시
안정형	손실을 싫어함.	예금 30%, 채권 40%, 금 15%, 외화 10%, 주식 5%
도전형	수익을 크게 원함.	주식 50%, 부동산 30%, 예금 10%, 콘텐츠 10%

유형	특징	구성 비율 예시
창의형	자유롭고 창작 중심의 수익 선호	유튜브 40%, 강의/글쓰기 30%, 예금 20%, 외화 10%
균형형	안정성과 수익을 고루 추구	예금 25%, 주식 25%, 채권 20%, 부동산 20%, 기타 10%

· 요즘 포트폴리오에 포함되는 새로운 수입원

AI 기반 전자책 쓰기(예 : 챗GPT 활용)

디지털 그림 및 디자인 판매(예 : Midjourney, 이모티콘 등)

유튜브, 블로그 광고수익

클래스 101 등의 온라인 강의 수익

4) 이것만은 하고 가자!

① 내 돈 100만 원을 나누어 투자해 봅시다.

자산 종류	특징	투자금액(직접 기입)
예금	변동 없음.	
채권	안정적이지만 위기 시 하락	
주식	높은 수익 가능, 위험도 높음.	
부동산	장기적으로 안정, 단기 변동성 적음.	
금	위기 시 안전자산	
외화	환율에 따라 손익 발생	
콘텐츠 수익	유튜브 등, 성공하면 큰 수익	
합계		100만 원

② 친구들과 비교해 봅시다.

3. 돈이 불어나는 복리의 마법

1) 자는 동안 돈이 들어온다고?

민재가 손을 들었다.

"선생님, 인터넷에서 '복리는 마법이다.'라는 말을 봤는데, 그게 무슨 뜻인지 궁금해요."

옆자리 태현이가 맞장구쳤다.

"나도 들었어! 워런 버핏이 '잠자는 동안에도 돈이 들어오는 방법을 찾아야 한다.'고 했다잖아. 그냥 일만 해서는 부자가 될 수 없다고 하던데."

민재는 고개를 끄덕이며 말했다.

"맞아. 열심히 일하고 저축만 하는 걸로는 부족하다는데, 그럼 우리는 뭘 공부해야 할까요? 어떻게 해야 돈이 돈을 버는 구조를 만들 수 있는 걸까요?"

교실 안 다른 친구들도 수군거리기 시작했다.

"ETF니 자산 배분이니 하는 말도 들리던데……."

"그런 건 학교에서 안 배우잖아?"

학생들의 눈빛은 어느새 궁금증으로 가득 차 있었다.

2) 선생님의 치트키!

선생님이 미소를 지으며 칠판 앞으로 다가갔다.

"좋은 질문이에요. '복리'라는 건 사실 시간이 만드는 돈의 마법이라고 할 수 있지요."

선생님은 분필로 '단리 vs 복리'라고 글을 적었다.

"단리는 단순히 원금에만 이자가 붙는 방식이에요. 하지만 복리는 원금뿐 아니라 불어난 이자에도 다시 이자가 붙지요. 그래서 시간이 길어질수록 그 효과는 눈덩이처럼 커져요. 예를 들어, 1억 원을 연 5%로 단리 투자하면 30년 뒤 1억 5천만 원이 돼요. 하지만 복리라면 무려 4억 3천만 원이 넘는답니다. 금리가 10%라면 그 차이는 더 커지지요.

복리는 눈덩이가 굴러가면서 커지듯이, 종유석이 물방울로 쌓이듯이, 시간이 만든 기적이에요. 미국의 401(k) 연금제도, 우리나라의 국민연금, 적금이나 연금저축 같은 것들도 다 복리 효과를 활용한 제도에요. 일찍 시작할수록 유리한 이유가 바로 여기에 있지요."

마지막으로 선생님은 칠판에 수식을 하나 적었다.

$$A = P \times (1 + r)^n$$

"이게 바로 복리 공식이에요. P는 원금, r은 이자율, n은 기간입니다. 시간 n이 길어질수록 결과는 훨씬 커집니다. 예를 들어, 민재가 100만 원을 연 5% 이율로 30년 동안 맡긴다고 해보죠.

단리라면,

100만 원 + (100만 원 × 0.05 × 30) = 250만 원

복리라면,

A = 100만 × $(1 + 0.05)^{30}$ = 432만 원

보이지요? 같은 기간인데 복리로 불리면 돈이 눈덩이처럼 커져요. 즉, 금리가 높을수록, 그리고 기간이 길수록 이 효과는 훨씬 더 커진답니다. 그래서 어릴 때부터 꾸준히 투자하는 게 중요해요. 워런 버핏이 말한 '잠자는 동안에도 돈이 들어오는 구조'라는 게 바로 이거예요."

선생님은 수업을 이렇게 마무리했다.

"여러분, 복리는 단순한 계산법이 아니예요. 시간을 친구로 삼는 돈의 마법이지요. 그래서 어릴 때부터 경제를 배우는 게 중요하답니다."

3) 이것만은 알고 가자!

- -

- **단리 vs 복리**

항목	단리	복리
정의	원금에만 이자가 붙음.	원금 + 이자에 계속 이자가 붙음.

항목	단리	복리
특징	이자 증가 속도가 일정함.	시간이 지날수록 이자 증가 속도가 빨라짐.
계산	이자 = 원금 × 이율 × 기간	자산 = 원금 × $(1+이율)^{기간}$
예시	100만 원 × 10% × 3년 = 130만 원	100만 원 × $(1.1)^3$ ≈ 133.1만 원
비유	직선으로 자라는 나무	눈덩이처럼 불어나는 눈사람

• 복리 효과가 큰 이유

– 시간이 갈수록 이자에도 이자가 붙기 때문

– 장기 투자일수록 효과가 커짐.

– 처음엔 단리와 차이가 작지만, 나중엔 수억 원 차이도 가능

• 복리 효과를 볼 수 있는 금융 상품

상품 종류	설명
복리형 적금 / 예금	일부 은행 상품에서 제공, 기간별 복리 적용
ETF / 펀드	배당 재투자 시 복리 구조 가능
연금저축 / IRP	장기간 유지할수록 복리 효과 커짐.
배당주 재투자	배당금으로 주식을 다시 사면 복리처럼 자산 증가
장기 보유 주식	주가 성장 + 배당 효과로 복리 구조 형성

4) 이것만은 하고 가자!

아래 2개의 표를 보고 친구들과 이야기해 봅시다.

민재와 태현이는 매년 100만 원씩 연 10%의 복리 이율로 저축하려고 해요.

민재는 14살부터 7년 간(14~20세) 저축한 뒤 멈췄고,

태현이는 27살부터 30년 간(27~57세) 저축을 시작했어요.

항목	민재	태현
시작 나이	14세	27세
투자 기간	7년 불입, 이후 이자만 증가	30년간 꾸준히 불입
불입 총액	700만 원	3,000만 원
복리 성장 기간	총 43년간(20세~57세까지)	총 30년간
결과	약 9,540만 원	약 9,200만 원

각각의 나이 57세가 되었을 때 누가 더 많은 돈을 갖게 될까요?

민재와 태현이 각각 돈을 넣은 총액은 얼마인가요?

왜 이런 일이 벌어지나요?

3장

부자의 안목 갖추기

진짜 부자는 돈을 지키고, 불리고, 그리고 올바르게 쓰는 법까지 아는 사람입니다. 이를 위해 필요한 것은 남들보다 한발 앞서 세상을 바라보는 안목입니다.

경제 뉴스 속 흐름을 읽어낼 줄 아는 눈, 세금을 이해하고 현명하게 대처하는 지혜, 그리고 나의 노후를 든든히 지켜줄 연금을 준비하는 습관. 이 세 가지는 똑똑한 부자가 되기 위해 반드시 길러야 할 역량입니다.

1. 경제 뉴스로 세상의 흐름에 눈뜨기

1) 위기는 위험일까, 기회일까?

"위기 때 투자했으면, 지금쯤 엄청난 부자였을 텐데요!"

민재는 요즘 들어 경제 뉴스가 나올 때마다 괜히 이런 생각이 들었다. 최근 뉴스에서는 연일 '기준금리 인상', '물가 상승', '미중 갈등', '코스피 하락' 같은 단어가 쏟아졌다.

이게 왜
중요한 거지….
뉴스를 이해하면
세상이 어떻게 움직
이는지 보이기 시작해.
금리 인상
물가 상승

세금을 알면
내 돈을 지킬
수 있어요!
세금

네가 준비한 연금이
나를 도와주고 있구나.

그러던 어느 날, 수업 시간에 유리가 조심스럽게 손을 들었다.

"선생님! 뉴스 보니까 옛날에도 코로나처럼 큰 위기가 있었대요. 그때 돈 가진 사람들 다 망했어요?"

민재도 고개를 끄덕이며 말했다.

"맞아요. IMF, 리먼 브라더스, 코로나……. 다 무서운 말이잖아요. 그런 때는 그냥 아무것도 안 하는 게 나은 거 아닐까요?"

하지만 유리는 오히려 반대 의견을 내놓았다.

"근데요, 저 유튜브에서 봤어요. 위기 때 주식 산 사람들이 나중에 큰돈 벌었다고요! 만약 2008년에 삼성전자 샀으면 지금쯤 진짜 부자일걸요?"

민재는 놀란 눈으로 유리를 바라봤다.

"진짜? 그럼 그때 나도 샀으면……. 와!"

2) 선생님의 치트키!

"맞아요, 여러분. 경제에는 항상 좋을 때도 있고, 나쁠 때도 있어요. 하지만 역사를 돌아보면 '위기'가 꼭 '끝'은 아니었어요. 오히려 위기 속에서 기회를 찾은 사람들이 훨씬 더 부자가 된 경우도 많았답니다."

태현이도 손을 들었다.

"선생님! 리먼 브라더스 사태 때 주식이 엄청 떨어졌다가 몇 년 뒤에 다시 올라서 돈 번 사람들 이야기도 봤어요!"

금리↑ 물가↑
코스피↓
위기…,
무서워.

위기 때
부자 됐다던데?

위기는
끝이 아니라
기회야.

뉴스가
흐름을
알려주지.

"정확해요. 그때 KOSPI도 거의 반 토막이 났지만, 삼성전자나 ETF에 장기 투자한 사람들은 5~10년 뒤에 큰 수익을 냈어요.

여러분, 중요한 건 이런 사실을 미리 알 수는 없다는 거예요. 하지만 경제 뉴스를 꾸준히 보면서 흐름을 파악하면, 위기가 오기 전에 대비할 수도 있고, 위기 뒤에 기회가 될 만한 자산을 발견할 수도 있답니다. 뉴스는 단순한 정보가 아니라, 세상의 방향을 알려주는 나침반이에요."

그러면서 선생님은 우리나라와 세계의 경제 위기 사례를 표로 정리해 주었다.

시기	사건	자산 변화	그때 투자했다면?
1997년	외환위기(IMF)	원화 가치 및 주가 폭락	삼성전자, 현대차 같은 우량주 장기 투자
2003년	카드대란 · 부채위기	소비 위축, 금융사 손실	배당이 안정적인 은행주, 통신주 저가 매수
2008년	글로벌 금융위기	KOSPI 급락 (1,100선까지)	ETF, 대형 IT주 저가 매수
2011년	유럽 재정위기 北 리스크	환율 불안, 투자심리 위축	달러 자산, 금 같은 안전자산 투자
2020년	코로나 팬데믹	초반 폭락 후 반등	카카오, 네이버, 테슬라, 바이오주에 장기 투자
2022년	공급망 + 고물가 위기	원자재 급등, 기술주 조정	인플레이션 수혜주, 에너지주 저가 매수
2023년	미중 갈등 + 반도체 불황	수출 타격, 코스피 하락	반도체 대형주 장기 저가 매수

민재가 고개를 갸웃하며 물었다.

"그럼 겁내기만 하면 안 되는 거네요?"

"맞아요. 물론 아무 공부도 없이 무리한 투자는 위험해요. 하지만 충분히 공부하고, 분산투자하면서 좋은 자산을 싸게 살 기회로 삼는다면, 위기는 오히려 기회가 될 수 있답니다. 그리고 그 공부의 시작은 바로 '뉴스 읽기 습관'이에요."

유리가 다짐하듯 말했다.

"앞으로 경제 위기가 와도 그냥 무서워만 하진 않을래요. 매일 뉴스도 보고 공부하면서 기회를 잘 찾을래요!"

3) 이것만은 알고 가자!

· 경제 위기 = 자산 매입 기회

자산 가치 하락 시기이자 우량 자산을 저가에 확보할 수 있는 시점, 냉정한 판단이

수익의 핵심

· 한국 경제 = 위기 후 성장 반복

IMF, 금융위기, 코로나 등 여러 위기마다 회복과 구조 혁신을 통해 성장 지속

· 똑똑한 투자자 = 위기 진입 · 장기 보유

공포 속에서도 저평가 자산 매수, 장기 보유로 복리 효과 극대화

· 투자 핵심 = 분산 + 분석

다양한 자산 분산으로 리스크 완화, 충분한 정보 분석으로 합리적인 판단

---

4) 이것만은 하고 가자!

① 아래 표를 보고, 각각의 사건에 대해 '그때 투자했다면 어땠을까?'를 상상해보세요.

시기	사건	자산 변화	그때 투자했다면?
1997년	외환위기(IMF)	원화 폭락, 주가 반 토막	삼성전자, 현대차 주식 장기 보유
2008년	글로벌 금융위기	KOSPI 급락	ETF, IT 대형주 저가 매수
2020년	코로나 팬데믹	폭락 후 반등	비대면 기업(카카오, 테슬라 등) 투자

Q1. 표 속 사례 중 가장 놀라운 변화는 어느 시기였나요? 왜 그렇게 생각하나요?

Q2. 민재처럼 '가만히 있는 게 안전하다.'고 느끼는 사람과 태현이처럼 '공부하고 기회를 찾자.'는 사람 중 당신은 누구와 비슷한가요? 왜 그런가요?

② 다음 중 경제 뉴스를 꾸준히 읽을 때 얻을 수 있는 장점을 골라보세요. (모두 고르기)

- 세상의 흐름을 빨리 파악할 수 있다.

- 투자 기회를 더 잘 찾을 수 있다.

- 단기간에 부자가 될 수 있다.

- 경제 용어가 익숙해져 수업 이해가 쉬워진다.

• 위기를 무조건 피할 수 있다.

ㄹ. 세금을 알고 세금과 친해지기

1) 과자 속에 숨은 세금

매점에서 과자를 사 먹고 나온 민재와 태현이는 벤치에 앉아 과자를 나눠 먹으며 영수증을 들여다보다가 깜짝 놀랐다.

"어? 과잣값이 1,000원인데 '부가가치세 100원'이라고 쓰여 있어. 이게 뭐야?"

민재가 눈을 크게 떴다. 태현이도 고개를 갸웃했다.

"우리도 세금 내는 거야? 나는 어른들만 내는 줄 알았는데……."

"그러게. 나도 모르게 나라에 돈을 낸 거네?"

잠시 생각하던 태현이가 말했다.

"근데 그 세금은 어디에 쓰일까? 도로, 경찰, 학교 운영에 쓰인다고 선생님이 그러셨잖아."

"그럼 우리 학교 건물도, 급식도 세금 덕분인 거네?"

민재는 감탄하며 말했다.

"우와 생각해 보니 그러네."

조금 뒤 민재가 다시 물었다.

"근데 뉴스에 나오는 소득세, 종합과세, 분리과세 같은 건 하나도 모르겠어."

태현이가 맞장구쳤다.

"맞아. 복권 당첨금에도 세금이 붙는다던데, 무슨 차이일까?"

"나중에 돈 벌면 세금 내야 하잖아. 지금부터 알아둬야겠어."

"응. 그런데 너무 어려워서 어디서부터 시작해야 할지 모르겠어."

그때 마침 운동장을 지나던 사회 선생님이 두 친구의 대화를 듣고 다가왔다.

"좋은 주제네, 세금 얘기라니 기특하다!"

2) 선생님의 치트키!

선생님은 벤치에 앉아 설명을 이어갔다.

"세금은 누구나 사회생활을 하면 만나게 돼. 우선 소득세부터 알아보자.

첫째, 종합과세. 월급, 이자, 임대소득처럼 여러 소득을 합쳐 세금을 매겨. 많이 벌수록 세율이 높아지는 '누진세' 구조라서 적게 벌면 부담이 작고, 많이 벌면 더 내지.

둘째, 분리과세. 은행 이자나 배당금처럼 단순한 소득은 보통 14% 세

어? 과자에
세금이 붙네?
Mart

세금은
어른만 내는 줄
알았구나?

세금은 도로,
학교, 경찰,
소방에 쓰인다.

세금이 우리
생활 속에 있구나.

율로 따로 계산하고 끝내. 다만 이자·배당소득이 1년에 2,000만 원을 넘으면 종합과세로 합쳐져 세금이 늘 수 있지.

셋째, 분류 과세. 복권 당첨금 같은 특별한 소득은 정해진 세율로 한 번만 내고 끝나. 대부분 받을 때 자동으로 빠져나간단다.

마지막으로 비과세. 나라에서 '이건 세금 안 매기겠다.'고 정한 소득이 있어. 예를 들어 장학금이나 일정 금액 이하 아르바이트 수입이 그렇지."

민재가 감탄했다.

"와, 어떻게 벌고 얼마나 버느냐에 따라 세금이 달라지는 거네요?"

선생님은 고개를 끄덕이며 덧붙였다.

"맞아. 세금을 알면 불필요하게 돈이 나가는 걸 막을 수 있어. 예를 들어 자동차를 살 때 세금이 적은 경차를 고르면 자동차세를 줄일 수 있지. 절세라고 해서 불법으로 피하는 건 안 돼. 대신 법이 허용하는 방법을 쓰는 거야. 비과세 저축, ISA 계좌 같은 금융 상품을 활용하거나 체크카드 사용액·기부금·교육비를 연말정산 때 공제받을 수도 있어.

세금은 우리 생활을 지키고, 돈을 현명하게 관리하는 힘이야."

두 친구는 얼굴을 마주 보며 말했다.

"이제 세금이 덜 무섭게 느껴져요!"

3) 이것만은 알고 가자!

- **세금의 종류** : 부과 방식에 따라 크게 두 가지로 나뉜다.

직접세 : 내가 번 돈(소득)에 부과되는 세금(예 : 소득세)

간접세 : 물건을 살 때 간접적으로 내는 세금(예 : 부가가치세)

- **소득세**

① **종합과세**

여러 가지 소득(월급, 임대료, 이자 등)을 합쳐서 계산.

소득이 많을수록 세율이 올라감(누진세 구조).

② **분리과세**

이자나 배당처럼 따로 떼어 간단히 세금 계산(보통 14%).

단, 연 2,000만 원 초과 시 종합과세로 전환됨.

③ **분류 과세**

복권 당첨금이나 상금처럼 특별한 소득.

정해진 세율로 자동 징수되어 따로 신고 필요 없음.

④ **비과세**

나라가 세금을 면제해주는 소득(예 : 장학금, 일정 기준 미달 아르바이트 수입 등)

- **누진세**

소득이 많을수록 세율이 높아지는 세금 구조.

예) 1,200만 원 이하는 6%, 4,600만 원 초과 시 24% 이상 등

• 세금은 왜 내나요?

학교, 도로, 병원, 소방서 등 공공시설 운영에 필요.

모두가 함께 살아가기 위한 사회의 약속

---

4) 이것만은 하고 가자!

내가 직업을 가지면 생길 소득세 형태는 무엇일까?

어른이 되어 돈을 벌면, 소득의 종류에 따라 세금 부과 방식이 달라져요.

- 종합과세 : 월급, 임대소득, 사업소득 등 여러 소득을 합쳐 세금 계산

- 분리과세 : 은행 이자나 배당금 등은 따로 계산해 일정 비율만 세금 부과

- 비과세 : 세금을 아예 매기지 않는 소득(예 : 장학금, 일정 금액 이하의 아르바이

  트 소득)

내가 앞으로 어떤 직업을 가질지 상상해보고, 그 직업에서 생길 가능성이 큰 소득세 형태를 고르고 이유를 써 보세요.

☐ 종합과세   ☐ 분리과세   ☐ 비과세

이유 :

3. 내일의 나를 돕는 연금의 실천

1) 할아버지의 여유 있는 노후

서울 외곽의 한 공원.

매일 아침이면 같은 벤치에 앉아 신문을 읽는 박명석 할아버지(78세)가 계셨다. 옆에는 따뜻한 커피와 직접 만든 샌드위치가 놓여 있다.

박 할아버지는 여유롭게 말씀하셨다.

"예전엔 공장에서 기술자로 일했는데, 젊을 때부터 국민연금에 꾸준히 가입했고, 50대부터는 개인연금도 들었죠. 집에 있던 빚은 60대 초반에 다 갚았고요.

지금은 국민연금 100만 원, 개인연금 60만 원, 주택연금 85만 원, 이렇게 한 달에 245만 원이 꼬박꼬박 들어옵니다. 덕분에 친구들과 여행도 가고, 병원비 걱정도 없죠. 손주들에게 용돈을 주며 행복한 노후를 보내고 있습니다."

박 할아버지는 활짝 웃으며 말했다.

"연금은, 미래의 나를 위한 월급이에요."

학생들은 그 말을 들으며 문득 궁금해졌다.

"나중에 어떤 준비를 해야 할까? 노후에 필요한 돈은 얼마나 될까?"

연금은
노후의 월급!

우린 뭘
준비해야 하지?

연금은
노후의 안전망!

지금부터
준비하자!

2) 선생님의 치트키!

그때 사회 선생님이 학생들의 대화를 듣고 다가왔다.

"좋은 질문이야. 노후 준비의 핵심은 바로 연금이란다. 연금은 미래의 나의 월급이지."

선생님은 차근차근 설명을 이어갔다.

"'국민연금'은 나라에서 운영하는 가장 기본적인 연금이야. 젊을 때 월급에서 조금씩 돈을 내면, 나중에 나이 들어 일을 못 해도 매달 생활비처럼 받을 수 있단다. 또 물가가 오르면 연금도 같이 올라서, 빵이나 라면값이 비싸져도 어느 정도 따라갈 수 있어. 게다가 연금 받는 사람이 아프거나 세상을 떠나면 가족이 대신 받을 수도 있지."

"아. 그렇군요. 그런데 국민연금만으로는 좀 부족하지 않을까요?"

민재는 연금에 대해 점점 더 관심을 갖기 시작했다.

"사람들의 생활 방식에 따라 '개인연금'을 들기도 해. 개인연금은 각자가 스스로 준비하는 연금이야. 은행이나 보험사에서 여러 가지 상품이 있는데, 매달 조금씩 넣으면 나중에 목돈처럼 불어나고, 오래 넣을수록 이자가 쌓여서 더 커져. 또 세금을 돌려받을 수도 있어서, 국민연금만으로 부족할 수 있는 부분을 보충해 주는 든든한 '두 번째 연금'이란다."

"그런데 개인연금은 생활하면서 돈을 넣기에 부담이 좀 클 것 같아요."

"그래서 요즘 많은 사람들이 '주택연금'에 가입하기도 해. 이 집을 팔지 않고도 집을 담보로 돈을 매달 받는 제도야. 쉽게 말해, 집을 '현금처럼' 바꿔서 쓰는 거라고 생각하면 돼. 한국처럼 집값은 비싼데 생활비가 부족한 경우에 큰 도움이 되지. 그리고 나이가 많을수록 더 많은 금액을 받을 수 있어서, 나이 드신 분들에게 특히 유리한 제도야."

그리고 선생님은 계산을 보여주었다.

"65세 은퇴 후 100세까지 산다고 하면 35년 동안 살아야 해. 생활비로 한 달 150만 원만 잡아도, 무려 6억 3천만 원이 필요하지. 병원비와 물가 상승까지 생각하면 7~8억 원 이상이 될 수도 있어."

마지막으로 선생님은 이렇게 정리했다.

"그래서 연금은 단순히 돈이 아니라, 나답게 사는 삶을 지켜주는 약속이란다. 국민연금, 개인연금, 주택연금을 조금씩 꾸준히 준비한다면, 여러분은 나중에 노후에도 안정적이고 행복한 생활을 이어갈 수 있어."

3) 이것만은 알고 가자!

• 연금이 필요한 이유

평균수명은 길어지고, 일할 수 있는 나이는 짧아짐.

노후 35년 이상을 준비해야 함. → 최소 6억 원 이상 필요

물가는 계속 오르는데, 소득은 없어짐.

연금은 '노동 없이 매달 생기는 소득'

• 국민연금 – 국가가 책임지는 안전한 평생 월급

의무 가입 + 국가 보장 : 평생 안정적으로 지급

물가 반영 : 물가가 오르면 연금도 함께 올라 생활 수준 유지

가족 보호 : 본인이 사망해도 유족연금으로 배우자 · 자녀에게 혜택

장애 보장 : 장애가 생기면 장애연금으로 전환 가능

국가가 책임지는 가장 든든한 사회 안전망

• 개인연금 – 내 상황에 맞춘 추가 보완 장치

본인이 직접 설계하는 맞춤형 연금

은행 · 보험사를 통해 가입 가능

세액공제 혜택 + 복리 효과로 자산 불림.

국민연금과 함께 준비하면 안정성 강화

• 주택연금 – 집을 유지하면서 생활비도 마련할 수 있는 제도

집이 곧 연금 통장 : 살던 집을 담보로 평생 월급처럼 받음.

집값이 내려가도 약속된 연금액은 줄지 않음.

평생 그 집에서 거주 가능 + 생활비 확보

부부 중 한 명이 사망해도 배우자가 계속 수령

'집은 있는데 현금이 부족'한 문제 해결

---

4) 이것만은 하고 가자!

우리는 이제 100세 시대에 살고 있습니다. 아래 연금 조건을 보고 총 납입금(부은 돈)과 총 수령금(받는 돈)을 계산해 보세요.

① 국민연금

- 월 납입액 : 30만 원
- 납입 기간 : 30년(360개월)
- 수령 시작 나이 : 65세
- 월 수령액 : 100만 원

② 개인연금

- 월 납입액 : 20만 원
- 납입 기간 : 20년(240개월)
- 수령 시작 나이 : 60세
- 월 수령액 : 60만 원

③ 주택연금

- 납입금 : 없음(자기 집 보유가 조건)

• 수령 시작 나이 : 55세　　　　　　　　　• 월 수령액 : 85만 원

구분	납입액 (월)	납입 기간	총 납입금	수령액 (월)	수령 기간	총 수령금
국민연금	30만 원	30년	1억 800만 원	100만 원	35년 (420개월)	4억 2,000만 원
개인연금	20만 원	20년	4,800만 원	60만 원	40년 (480개월)	2억 8,800만 원
주택연금	없음	없음	없음	85만 원	45년 (540개월)	4억 5,900만 원

꿈을 향한 점프, 금융과 진로설계

| 이영춘 |

꿈을 향하는 점프로 금융을 알고 미래를 설계한다면 보다 나은 삶을 누릴 수 있을 것입니다. 우리 함께 나의 진로를 설계해 봐요. 나를 위해 돈 공부를 제대로 해봐요!

나를 위한 돈 공부

흥미와 가치관으로 꿈을 설계하다

나의 흥미와 가치관으로 꿈을 설계할 수 있다면 이보다 더한 행복은 없을 것입니다. 세상을 읽을 수 있는 돈 공부로 돈이 많으면 무조건 행복할까요? 삶의 불행을 돈으로 막을 수 있을까요? 나의 꿈 설계 등으로 생각을 집중해 봐요.

1. 나의 가치관 발견 워크숍

진정한 자유는, 먼저 경제적 자유에서 시작하면 접근이 수월할 것으로 보인다. 많은 사람들이 꿈꾸는 '경제적 자유'를 통한 진정한 자유는 과연 무엇일까? 즉 매달 월급을 받지 않아도 생활이 가능한 상태, 원하는 일을 하면서도 돈 걱정을 하지 않는 삶이라고 할 수 있을 것이다.

여기서는 진정한 경제적 자유를 통해 얻을 수 있는 진정한 자유의 의미와 그것을 실현하는 방법에 대해 이야기해보도록 하자. 그러기 위해서는 돈이 무엇인지, 어찌 사용되고 있는지, 나의 삶에 어떤 영향을 주는지, 돈의 가치와 자유의 의미를 차분하게 짚어볼 필요가 있다.

돈의 새로운 가치를 발견하면서 진정한 자유를 얻는 것은 무엇인지 알아보자.

나의 가치관 발견을 진정한 자유를 위한 경제적 자유에서 시작하여 꿈을 설계하고자 한다.

1) 천 원 지폐의 퇴계 이황 선생님과 만남

민재는 금융을 알기 위해 돈을 유심히 보면서 퇴계 이황 선생님과 대화를 한다.

"선생님은 왜 돈이 되었나요? 그 가치는 무엇을 의미하나요? 많이 가지면 왜 마음이 든든하고 좋을까요?"

이런저런 생각으로 마음이 차분하게 가라앉자 친구와 헤어져 바로 집으로 왔다. 계속 이황 선생님이 머리에서 떠나질 않는다.

집에 와서 또 이황 선생님을 보면서 "선생님을 많이 가지고 있으면 왜 맘이 든든하고 좋은가요?" 하고 물었다.

대답 대신 물끄러미 바라보고 웃으신다.

"난 선생님이 좋아서 많이 가지고 싶은데 어찌하면 좋을까요?

역시 미소 짓는 그 웃음 속에 다정함과 근엄함이 함께 보인다.

"선생님과 계속 친하게 지내고 싶어요!"

"그러자꾸나!"

그렇게 대답하시는 것 같다.

이런 일이 있은 후 민재는 이황 선생님이 그려진 천 원짜리 지폐를 눈에 잘 띄는 책상머리에 붙여 놓고 수시로 대화를 하게 되었다.

"선생님, 저 이제부터 돈의 가치를 알기 위해 돈 공부를 하기도 했어요."

"잘했구나!"

"돈 공부를 통해 돈의 가치, 경제의 흐름 등을 알아가면서 나의 가치관

과 진정한 자유를 알아가고 싶어요. 도와주실 거죠?"

2) 선생님의 치트키!

민재는 이황 선생님과 친하게 된 이야기를 선생님에게 알리고 싶었다.

"선생님, 저 이황 선생님과 대화하고 또 약속도 했어요."

선생님은 갑자기 무슨 말인가 의아한 표정으로 물었다.

"무슨 말이니? 자세히 말해 봐!"

"제 방 책상 앞에 천 원짜리 지폐를 붙여 놓고 이황 선생님을 보면서 궁금한 내용은 물어보면서 친하게 지내기로 약속했어요."

"그래! 잘했다. 돈 공부를 제대로 하기로 맘을 먹었구나! 민재가 조금씩 성장하는 모습이 보여 선생님도 기쁘구나! 이황 선생님과 대화하는 자리에 때론 선생님도 끼워주면 고마울 것 같은데~~."

"예, 그래요!"

선생님은 민재가 돈에 눈을 뜨고 궁금증을 풀어가는 모습을 알 수 있어 흐뭇하고 기특한 생각이 들었다. 돈의 흐름은 경제의 흐름이고 더 나아가 세상의 흐름인 것을 아이들과 함께 알아가는 시간을 더 가져야겠다는 다짐을 하게 되었다.

3) 이것만은 알고 가자!

경제적 자유는 '노동 없이도 안정적인 수입이 발생해 원하는 삶을 살 수 있는 상태'를 뜻해요. 즉 생계를 위해 억지로 일할 필요가 없는 상태, 시간과 돈을 자유롭게 사용할 수 있는 상태라고 말할 수 있지요.

단순히 돈을 많이 버는 것이 아니라, 소득이 지속적으로 들어오면서 돈 걱정 없이 삶을 영위하는 것이 중요하지요. 경제적 자유는 단순히 돈을 많이 버는 것이 아니라, 돈에 얽매이지 않고 자신의 삶을 자유롭게 설계할 수 있는 상태를 의미하지요.

• 경제적 자유 3단계

① 생존단계 → 월급이 끊기면 생활이 어려운 상태

② 안정단계 → 기본 생활비를 충당할 수 있는 자산이 있는 상태

③ 완전한 자유단계 → 원하는 삶을 살면서도 경제적 걱정이 없는 상태

----

4) 우리 함께 도전하자!

부모와 아이가 힘께 돈 공부를 하면 아이는 쉽고 재미있게 돈을 배울 것이고, 부모는 경제 교육에 자신감을 얻어 아이의 성장 과정을 보게 되니 기쁨이 배가 될 것이다.

질문	하고 싶은 말	비고
나에게 돈의 의미는?		
이황 선생님과의 만남 돈에게 하고 싶은 말은?		
돈이 어떨 때 가장 좋은가?		
돈이 많으면 왜 좋을까?		
돈이 없으면 가장 불편한 점은?		

2. 꿈과 현실 사이에 다리 놓기

나의 꿈과 현실을 바로 알기 위해 연결고리를 만들면 쉽게 다가갈 수 있다. 진정한 부자가 되기 위해 스스로 해야 하는 돈 공부는 어떤 것일까?

돈의 세계를 제대로 볼 수 있는 바른 경제 관념을 가져야 한다. 오히려 문제를 해결하지 못하고 역효과를 내는 코브라 효과를 염두에 두고 생각해봐야 한다. 돈과 나, 돈과 부모, 돈과 사회, 돈과 세계 등의 연결고리를 알고 다루는 법을 알아가면서 돈의 세계를 제대로 경험하면 된다. 즉 돈을 통해 자신의 진로를 개척하는 생각 근육을 키우는 과정이 중요하다.

1) 돈 친구야, 나하고 놀자!

민재는 이황 선생님과 대화하면서 머릿속에 맴도는 생각이 많아졌다. 바로 '돈이 많으면 무조건 행복할까?'에 생각이 머물게 되면서 누군가와 대화를 하고 싶었다. 마침 친구 하림이가 옆에 있어 물어보았다.

"하림아, 돈이 많으면 무조건 행복할까?"

"그럼 당근이지, 내가 사고 싶은 것도 맘껏 사고, 먹고 싶은 거 맘대로 먹고 또 친구들과 가고 싶은 곳도 가고 얼마나 좋을까? 생각만 해도 기분이 좋은걸. 게임도 많이 할 수 있으니 더 좋잖아!"

"얼마나 있으면 될까?"

"많으면 많을수록 좋을 것 같은데!"

"그래! 네 말도 맞다. 그런데 왜 나는 맘이 이리 복잡할까? 나는 좀 다른 생각도 있어!"

민재는 '정말 돈이 많으면 많은 만큼 좋기만 할까? 혹 돈 때문에 기분 나쁜 일은 없을까?'라는 생각에 꽂히면서 머릿속이 혼란스럽다.

그래서 집으로 가서 엄마에게 또 묻기로 했다.

"엄마, 엄마는 돈이 많으면 많을수록 좋다고 생각하세요?"

"우리 아들이 별 질문을 다 하는구나, 돈 때문에 무슨 일이 있었니?"

"아니요. 요즘 이황 선생님과 대화를 하면서 평소보다 돈을 바라보는 눈이 좀 달라졌어요."

"그럼 엄마랑 같이 생각해 보면 좋을 것 같은데……. 엄마는 돈이 없을 때는 많으면 좋을 것 같으나 때론 돈 때문에 안 겪어도 될 일을 겪을 수 있어서 마냥 좋기만은 않을 것 같은데……."

"왜요?"

"돈이 많으면 필요 없는 물건도 생각 없이 사고, 돈을 쓰려고 불필요한 일도 하게 될 것 같은데, 예를 들면 방탕한 생활, 게임, 도박, 낭비 등. 그래서 네가 책상 위에 이황 선생님의 지폐를 붙여 놓았구나! 무슨 일인가 물어보려고 했는데……. 우리 아들이 세상을 알아가는 것 같아서 엄마는 너무 기분이 좋구나! 돈이 삶의 불행을 막아 주기도 하고, 누군가를 기쁘게 하니 긍정적인 면도 있으나, 숨겨진 아픔도 있으니 제대로 알면 세상이 달라 보일 수도 있을 것 같은데……."

"그래요, 엄마! 돈의 양면성을 생각하면서 꿈과 현실을 더 고민해 볼게요."

"처음에는 좀 어려울 수 있으나 돈도 벌고, 덕질*도 하는 덕업일치를 할 수 있는 세상을 꿈꾸도록 엄마가 도와줄게! 어때?"

"예! 울 엄마 최고! 언제든 도움을 청할게요. 엄마가 계셔서 넘 좋아요."

2) 선생님의 치트키!

민재는 가장 든든한 지원군인 선생님을 찾아 궁금증을 풀기로 했다.

"선생님, 머릿속이 복잡하여 선생님과 이야기하고 싶어요! 돈과 관련하여 꿈과 현실의 관계를 알고 싶고 그 연결고리는 어찌하면 될까요?"

"민재가 점점 성장하는 모습이 느껴져서 선생님은 너무 기분이 좋구나! 돈의 흐름, 즉 연결고리를 알면 또 다른 세상, 즉 금융의 흐름을 알 수 있어서 지금보다 더 큰 세상을 알게 될 거야."

"선생님, 돈은 돌아야 하고 소통이 안 되면 재앙이 온다는 말을 알게 되었어요. 무슨 말인가요?"

"돈은 원래 돌게 되어 있지만, 때론 어느 한 곳에 모이기도 한다. 물건으로 저장하면 여러 가지 제약이 따를 수 있으니 돈으로 보관하면 그보다 훨씬 용이하다. 예전에는 돈꿰미를 만들어 궤에다 숨겨놓기도 했는데 그러다가 잘못되어 돈궤가 사라지기도 했단다. '돈이 사(邪)가 된 흉가' 이야기는 구비설화에 심심치 않게 구연되는 유형으로 돈궤 혹은 금덩이가 묻혀서 사기(邪氣)가 되고 집안사람이 차례로 죽어 나가 흉가로 변했다는 내용이야. 그래서 요즘은 덕질이란 말도 있단다."

"선생님, 돈을 제대로 알아야 할 것 같아요!"

"맞아! 그래서 선생님이 늘 공부를 하려면 제대로 하라고 말하잖아? 돈 공부의 '코브라 효과'*를 주의하라는 말도 있단다. 즉 돈이 무기가 되어서는 안 되는 이유로 코브라 잡기가 불러온 역효과를 염두에 두고 생각해야 한다는 말이야."

"선생님, 고맙습니다. 오늘은 여기까지로 만족해요! 하나씩 알아가니깐 기분이 좋아요. 궁금증이 생길 때마다 도와주셔요."

3) 이것만은 알고 가자!

- **코브라 효과** : 어떠한 대책이 오히려 문제를 해결하지 못하고 사태를 더 악화시키거나 예상하지 못한 역효과를 초래하는 것을 뜻함. '비뚤어진 인센티브'라고도 불리며, 어떤 문제를 해결하기 위해 시도한 정책이 도리어 그 문제를 심화시키는 현상을 뜻한다.

- **덕질** : 어떤 분야를 열성적으로 좋아하여 그와 관련된 것들을 찾아보거나, 모으거나, 파고드는 일 등의 행위를 포함한다. 본인이 좋아하는 작품이나 캐릭터, 실제 인물에 관한 정보를 수집하고 관련된 2차 연성 작품을 찾아보는 것을 말한다.

4) 우리 함께 도전하자!

돈과 대화하기 2

질문	하고 싶은 말	비고
돈은 나의 생활에 어떤 의미일까?		
돈이 주는 코브라 효과는?		
나의 덕질 분야는?		
돈이 오히려 독이 되는 경우는?		
돈과 친하게 지내는 방법은?		

3. 10년 후 나의 모습 그려보기

100세 시대에 돈이란 무엇일까? 많이 버는 것보다 어떻게 벌고 어떻게 쓰느냐가 더 중요하다는 생각이 든다. 아직은 학생이지만 오늘의 작은 선택과 습관이 앞으로의 내 삶을 만든다는 점에서 미리 고민해 보는 것도 큰 의미가 있다고 생각한다.

1) 친구들아~ 세상은 아는 만큼만 볼 수 있어!

민재는 자신의 미래를 생각하는 시간이 점점 길어지면서 '세상이 넓다.'라는 생각과 '아는 것이 너무 없구나!' 하는 부족함을 느끼게 된다. 혼자 생각하기엔 너무 벅차고 힘이 들었다. 그러던 중 민재는 같은 동아리 활동을 하는 친구인 유리, 태현이, 하림이와 함께 만나 수다를 떨다가 친구들에게 '10년 후 우리들은 어떤 모습으로 변해 있을까?'라는 질문을 던지니 뜻밖의 질문에 의아했다. 그러나 민재의 진지한 모습을 보면서 분위기는 차분해지고 함께 고민해 보자는 눈빛을 보였다.

민재가 먼저 말을 꺼냈다.

"친구들아! 나는 요즘 돈과 관련하여 생각을 하다가 가장 먼저 '돈과 나는 어떤 관계인가? 어떤 영향을 줄까?'를 고민하게 되었어. 너희들은 어찌 생각하니?"

늘 적극적인 태현이가 먼저 말을 한다.

"우리가 늘 만나면 장난치며 까불기만 했는데 오늘 너의 이런 모습을 보니 다른 날과 좀 다르다는 생각이 들어."

"칭찬이냐! 하, 하."

"그래, 돈! 있으면 좋으나 어찌 벌 수 있을까, 무슨 일을 해서 벌까, 얼마나 벌까, 언제부터 벌 수 있을까, 아빠는 얼마나 벌까? 등 여러 생각이 밀려오네."

유리도 평소와 달리 진지하게 듣더니 말문을 열었다.

"지금은 부모님이 주시니 소중함을 모르는데 내 스스로 살아가야 할 때가 되면 걱정이야! 민재 너는 언제부터 그런 생각을 했니? 친구로서 자랑스러운데……."

"나도 어느 날 문득 이런 생각이 들었어……."

"'돈이 많으면 좋은데.'라고 막연하게만 생각했는데 민재 네 말을 듣고 생각하니 구체적인 계획이 필요할 것 같아. 돈 없으면 사람이 살아갈 수가 없잖아!"

"그래. 각자 생각이 조금씩 다르지만, 필요성은 같네. 각자의 입장에서 계획을 세워 보자! 어때?"

"좋아! 우린 친구니까 함께 생각해 보자!"

"그럼, 10년 후 우리 모습을 생각해 보면 어때? 미래의 너에게 하고 싶은 말, 특히 미래 직업 세계를 얼마나 이해하고 있는지? 그중에 나의 직업은? 진정한 경제적 자유는? 또 얼마나 알고 실천하고 있지? 등 생각에 꼬리를 무네!"

모두의 표정이 숙연해지면서 마치 숙제를 얻어가는 표정으로 다시 만날 때까지 생각해 보기로 약속하고 헤어졌다.

2) 선생님의 치트키!

오늘도 민재는 친구들과 헤어지고 선생님을 뵙고 이야기를 나눈다.

"선생님."

"민재구나! 오늘은 무슨 일로 나를 찾아왔을까? 궁금한데……."

"친구들에게 '우리는 세상을 얼마나 알고 있을까? 그중에 돈은 무엇인가?' 등 이야기를 나누면서 '10년 후 우리들의 모습'을 생각하기로 하고 헤어졌어요."

"그래, 이제 그냥 스쳤던 세상을 피부로 느끼는구나! 또 다른 세상을 경험하는 기쁨으로 자신의 삶을 설계하게 되는 계기가 될 것 같은데……. 호~호~. 선생님은 너무 뿌듯하고 보람을 느끼는데, 10년 후 어떤 모습으로 변해 있을까? 엄청 궁금하구나! 그때도 우리는 만날 수 있을까? 10년 후 나는 무얼 하고 있을까? 나의 소비습관 파악하기, 나의 소득 살피기, 나의 노동소득 만들어 보기 등등. 그냥 받는 돈과 직접 번 돈의 차이, 즉 현관 청소 1회 500원, 청소기 돌리기 500원 등 돈의 가치 및 기분이 엄청 다르지! 스스로 버는 연습을 하면 돈의 가치 및 느낌이 다를 거야. 오늘부터 집에 가서 부모님과 약속을 하고 직접 용돈을 버는 체험을 하면 어떨까? 즉 집에서 월급 받는 중학생이 되어보는 거야. 10년 후의 나의 모습을 생각하면서 하면 신바람이 날 수도 있지. 오늘부터 즉시 작은 일에서부터 시작해 보면 어떨까? 어찌 보면 근로계약서 같은 거야, 이런 일이 나의 미래를 설계하는 데 밑거름이 되어 10년 후를 내다볼 수 있는 좋은 계기가 될걸!"

"예, 선생님. 잘 알겠습니다. 오늘도 선생님 덕분에 많은 것을 가지고 가요. 고맙습니다. 10년 후 미래설계에 많은 도움이 되었어요!"

3) 이것만은 알고 가자!

- **용돈 일기장** : 내 돈이 어디서 와서 어디로 갔는지를 기록하는 돈 여행의 탐험 일지. 입금과 지출, 사용 이유와 금액을 차근차근 적으며 돈의 발자취를 따라가다 보면 자연스럽게 돈을 이해하고 스스로 선택하는 힘이 길러짐.
- **소비지도** : 용돈 일기장을 바탕으로 만들어지는 나만의 수입과 소비 흐름을 한눈에 보여주는 돈의 지도입니다. 절약을 강요하기 위한 것이 아니라 돈의 방향을 읽고 다음 선택을 더 현명하게 하기 위한 도구

4) 우리 함께 도전하자!

미래 설계로 올바른 가치관을 심어줄 필요가 있다.

10년 후를 생각하면서 어떤 직업을 고를까? 직업을 선택하는 중요한 기준은 무엇일까? 지금 이 시간 이후의 일을 아무도 모르지만 생각하고, 계획하고, 실천하면 이루어진다는 신념으로 하루하루 살아가는 것이 나의 삶이다.

연도	학년 및 소속	하는 일 및 주요업무
예시	소속 학년 및 대학진학 / 취업 / 어떤 사업? 등등	학교생활에 충실 / 대학진학 준비 고민 / 진로 결정 및 전공 분야 준비 / 취업 / 결혼 등등
2년 후		
4년 후		
6년 후		
8년 후		
10년 후		

2장

창업, 내 아이디어로 세상을 바꾸다

창업 및 사회적 기업 등으로 새로운 세상을 만들고 싶습니다. 어떤 준비 및 관심이 필요할까요? 진정한 경제적 자유는 어디에서 오는 걸까요? 새로운 아이디어로 미래사회를 변화시킬 수 있다면 이보다 더한 보람은 없을 것입니다.

돈을 알면 세상이 달라 보입니다. 창업은 창의적인 아이디어를 직접 현실화하는 방안으로 창조경제 실현에 필수입니다.

1. 세상을 바꾼 창업가들

미국 실리콘 밸리에는 창업 촉진 회사들이 있어서 창업을 상시적으로 지원하는 체계가 갖추어져 있다. 2005년 실리콘 밸리에서 창설된 'Y콤비네이터(Y-combinator)'는 3개월 주기로 창업 아이디어 발표와 평가, 멘토링 등 창업자 육성 전문 프로그램을 통해 창업 기업을 배출하고, 엔젤투자나 벤처투자를 유치해 투자자금을 회수한다.

미국에서는 2011년 오마바 대통령이 '스타트업 아메리카 계획(Startup America Initiative)'을 추진해 정부 차원의 정책도 병행하게 되었다. 이 정책에 따르면 정부는 촉진자(Facilitator) 역할을 강조하고 있다. 정부는 여러 이해당사자들이 각각 고민하는 문제나 해결책을 서로 공유할 수 있는 허브 역할을 한다는 것이다. 정부는 서로의 방향성을 공유할 수 있는 지점을 제공하며, 실질적인 세부 사항은 자율적으로 만들어 가게 한다. 여기에서 창업가들이 직면하는 근본 문제인 '연결성(네트워크)'의 어려움을 해소하는 데 초점을 두고 있다. 연결성이란 자금 조달의 문제뿐만 아니라 다른 창업가들, 커뮤니티, 잠재 고객 및 유능한 인재 연결 등을 포함하는 것이다. 창업가 정신은 실패를 두려워하지 않는 창의적이고 혁신적

인 사고를 바탕으로 빠르게 변화하는 사회에 능동적으로 대응하여 새로운 가치를 창출하는 일이다.

1) 창업을 하려면 무엇부터 할까?

민재는 '창업'이란 말에 눈이 번쩍했다. 들어본 말이지만 나하고 거리가 먼 이야기로 관심이 없었는데 이젠 예전과 다른 느낌을 받았다. 달라진 자신의 모습에 스스로 놀라면서 도전하고자 하는 마음이 생겼다. 어찌하면 될까? '세상은 아는 만큼 보인다.'라고 했으니 알아보고 싶었다.

'창업이 무엇인가? 돈을 버는 일인가? 망하기도 한다는데……'

'어찌하면 잘할 수 있을까?' 고민 끝에 친구들과 동네 놀이터에서 만나자고 했다. 창업이 뭔지 생각해 보고 오라고 했다. 하나둘씩 친구들이 모이기 시작하면서 여느 날과는 달리 표정이 진지했다.

"우리 오늘부터 새로운 과제라고 생각하고 창업에 대하여 생각해 보자. 어때? 미래, 우리가 같은 일을 하면서 살 수도 있잖아……."

"나는 너와 같이 일하는 쪽으로 적극적으로 생각해봐야겠는걸!"

"아니야! 나는 생각이 좀 달라. 다른 일을 하면서 서로 정보 공유를 하면 좋을 것 같은데……."

"그럼 나중에 생각하고 창업에 대하여 고민해 보자!"

"나는 창업은 돈과 직결되고 또 우리들의 진로이기도 하여 의미 있는

일이란 생각이 들어. 또 우리는 10년 계획도 세워 보았잖아!"

이런 말을 하는 동안에 하림이와 유리가 핸드폰을 보면서 낄낄거리며 외쳤다.

"나라나 왕조를 처음 세우듯이 사업 따위를 처음 시작하는 것이네. 이런 단어를 핸드폰으로 찾아보기는 처음이야! 신기하네! 늘 게임만 했는데……."

하림이와 유리는 마치 처음 보석을 찾은 듯이 소리 질렀다.

"그래 우리 다음에 모일 때 창업에 대하여 알아보고, 나는 어떤 창업을 하고 싶은지, 언제 할 것인지, 어떤 준비를 하면 되는지 등등 알아서 만나기로 하자. 어때?"

"좋아! 좋아!"

모두 별로 한 일도 없는데 뿌듯한 표정으로 헤어졌다.

2) 선생님의 치트키!

오늘도 민재는 마음의 갈증을 채우고자 선생님을 찾았다. 다른 날과 무언가 느낌이 다른 민재의 표정을 보고 선생님도 다소 긴장하는 표정을 짓는다.

"선생님!"

"민재야! 반갑다. 그런데 오늘은 표정이 남다르게 진지하고 굳어 있는 느낌이네. 무슨 일이 있는 거니?"

"선생님!"

"제가 경제적 자유를 생각하며 돈 공부를 하다가 '창업'이란 생각을 하게 되었고 그래서 친구들과 한참 대화를 나누고 헤어졌어요."

선생님은 민재가 생각의 확장으로 발전하는 모습을 보고 어떤 대화를 나누었는지 궁금하기도 하고 또 '이제는 준비가 필요하겠구나.' 하는 느낌이 들었다.

"민재야! 창업이 하고 싶은 거니, 아니면 그냥 무엇인가 알아보고 싶은 거니?"

"먼저 자세히 알아보고 난 후 결정하려고 해요!"

"와우~. 민재가 호기심을 가지고 의욕적으로 변하는 모습이 멋진데……."

"예. 선생님, 도와주세요."

"그럼, 당연하지. 선생님도 공부를 해야 할 것 같은데, 우리 함께 길을 찾아보자.

우리나라에도 민간에서 창업 인큐베이팅 프로그램들이 등장하고 있어. 예컨대 '케이스타트업' 프로그램은 글로벌 시장을 목표로 하는 스타트업을 선발해서 지원하는 프로그램이야. 실리콘 밸리와 국내의 벤처, 법률 전문가의 자문을 받아 창업을 추진할 수 있는데 한국정보통신진흥협회의 미래 글로벌창업지원센터 역시 창업 지원자의 마케팅, 법무, 세금, 특허, 홍보 등을 지원하는 조직으로 출범했지. 네이버 등 민관 47개 단체가 출범시킨 스타트업얼라이언스 역시 창업을 지원하는 역할에 초점을 맞추고 있단다. 어렵지? 이렇게 우리나라에도 창업을 지원하는 다양한 프로그램들이 등장하여 창업 환경을 변화시키고 있어. 그래서 창조경제의 붐을 타고 창업이 활성화되고 지원 프로그램들이 만들어지는 것은 환영할 일이지. 문제는 이러한 프로그램들이 얼마나 연속성을 가지며, 가시적인 성과를 내느냐에 달려 있고 또한 창업이 하나의 문화가 될 수 있도록 사회 인식의 변화, 제도 등이 같이 뒷받침되어야 해."

"네, 선생님."

3) 이것만은 알고 가자!

- -

- **스타트업(Start-up)** : 혁신적인 기술 혹은 아이디어를 가진 신생 창업 기업들을 의미한다. 미국의 실리콘밸리에서 처음 탄생된 단어이다.

- **실리콘 밸리(Silicon Valley)** : 미국 캘리포니아주 샌프란시스코만 지역 남부를 이르는 말이다. 이 지역에 실리콘 칩 제조회사들이 모여 있어 이름이 붙여졌다. 현재는 온갖 종류의 첨단기술 회사들이 이곳에서 사업을 벌이고 있어 실리콘밸리는 미국뿐만 아니라 전 세계적인 기술혁신의 상징이 되었다.

- -

4) 우리 함께 도전하자!

생활 속 문제를 발견하고 해결하는 프로젝트 활동을 통해 창업가 정신을 키울 수 있는 워크북!

활동 : 나의 창업가 정신 핵심역량 돌아보기

창업가정신 핵심역량으로는 무엇이 있었는지 살펴봅시다.

창업가정신 핵심역량		
혁신성	**성취지향성**	**자율성**
해결하고자 하는 문제에 대해 새롭고 창의적인 방식으로 접근해 가치 있는 대안을 제시할 수 있다.	최고 수준의 목표를 설정하고 반드시 달성하기 위해 최선의 노력을 할 수 있다.	스스로 목표와 원칙을 설정하고, 능동적으로 일하며 결과에 대해 책임을 질 수 있다.

<table>
<tr><td colspan="3" align="center">창업가정신 핵심역량</td></tr>
<tr>
<td>공동의사결정
서로 다른 의견을 존중하고, 상이한 의견의 장단점을 비교 분석하여 더 나은 방안을 도출할 수 있다.</td>
<td>사회적 가치 지향
사회적 문제 해결에 대한 관심을 가지고 관련 지식을 활용하여 가치를 창출할 수 있다.</td>
<td>위험 감수역량
새로운 기회가 제공하는 가치와 위험을 고려하여 일정 수준의 위험을 부담하고, 적극적으로 도전할 수 있다.</td>
</tr>
<tr>
<td>자기관리역량
정해진 원칙에 따라 자신의 행동을 통제하고 정서적 자기조절 능력을 발휘할 수 있다.</td>
<td>자원연계역량
목표 달성에 필요한 인적, 물적, 기술, 정보 자원을 발굴하고 효율적으로 동원할 수 있다.</td>
<td>변화 민첩성
외부적 변화에 대하여 기회를 발견하고 빠르게 대응할 수 있다.</td>
</tr>
<tr>
<td>회복 탄력성
실패에 좌절하지 않고 원래의 목표 달성을 위해 다시 시작할 수 있다.</td>
<td>끈기
목표 달성을 위하여 쉽게 단념하지 않고 끈질기게 집중할 수 있다.</td>
<td>협력성
새로운 가치 창출을 위해 타인과 목표를 공유하고, 서로 도우며 함께 일할 수 있다.</td>
</tr>
</table>

내가 발휘할 수 있는 '창업가정신 핵심역량'은 어떤 것인지 세 가지를 선택하고 그 이유를 적어봅시다.

활동 이름	활동 이름	활동 이름
창업가정신 핵심역양 :	창업가정신 핵심역양 :	창업가정신 핵심역양 :
이유는?	이유는?	이유는?

2. 내 아이디어로 사업계획서 만들기

1) 민재, 창업에 생각이 꽂히다

민재는 일단 마음을 먹었으니 한 번 작성해 보고 싶었다. 그러나 혼자는 어려워 오늘도 친구들에게 도움을 청했다. 친구들은 사업계획서를 작성하자고 하니 '갑자기 웬일이냐?' 하며 놀라서 어안이 벙벙한 표정이다.

"얘들아, 놀라게 해서 미안해!"

"이왕 돈 공부를 시작했고 또 창업을 알아보았으니 사업계획서를 한번 같이 작성해 보고 싶었어!"

"우리가 할 수 있을까? 나도 혼자서는 어려우니 함께 하면 할 수 있어."

"그럼 사업계획서를 공부하고 각자 생각을 적어보도록 하자."

"내가 사업계획서 양식을 여러 자료에서 만들었으니 여기에 칸을 채우면 돼."

"모든 칸을 다 채우기 어려우면 할 수 있는 만큼만 해보자. 일단 해보면 알게 될 것 같아."

"맞아! 좋아. 부담이 없으니 다행이네."

사업계획 요약서

아이템명	
적용 분야	
사업개요	• 창업 동기 및 사업의 기대효과 • 사업내용 및 특성
보유기술	• 보유기술의 수준 • 기술의 파급효과
시장 분석	• 목표시장 규모 및 전망 • 사업화 가능성 및 마케팅 전략
사업화 추진계획	• 생산과 시설확보 계획 • 사업화 추진 일정 • 사업계획 차질 시 대처방안

2) 선생님의 치트키!

민재는 오늘도 궁금증을 풀기 위해 선생님을 만나고 싶었다. 오늘은 선생님이 어떤 말씀을 해주실지 궁금했다.

"선생님."

"어서 오너라. 사업계획서에 관하여 궁금한 거지? 올 줄 알았다. 잠시 전 태현이가 왔었는데 사업계획서 이야기를 하면서 네 이야기를 하기도 했단다."

"선생님, 예상이 딱 맞았네요!"

"그래, 오늘은 사업계획서 이야기를 해보자꾸나."

"예, 선생님. 저는 늘 선생님의 찐 팬이지요."

"우리 집 경제지도 및 가족 소비지도 그리기와 더불어 미래의 사업계획서를 만들어 보는 것도 상당히 의미가 있지. 중학생을 위한 '경제 교육 프로그램'이 많은데, 예를 들면 은행이나 금융기관*(미래에셋 혹은 하나금융그룹 등)에서 하는 청소년 금융스쿨이나 한국은행에서 하는 금융 강좌도 도움이 될 수 있단다. 돈의 소중함, 윤리적인 소비, 가치 소비 등도 생각해 보아야 해. 즉 돈을 버는 것이 쉽지 않고 그 돈을 어찌 써야 사회적으로 더 의미 있는지 등을 고민하면서 해보면 어떨까?"

소규모 기업 사업계획서 작성을 위한 5가지 팁을 소개하면,

① 고객 파악

아이디어를 명확히 하기 위해 작성하는 계획서라도 누가 읽을지를 알면 언어와 세부 수준을 대상에 맞게 조정할 수 있다.

② 명확한 목표

사업계획서를 작성할 때 자신이나 팀을 위한 계획을 세우는 것보다 사업 자금을 확보하는 것이 목표라면 더 많은 노력을 기울이고 더 철저한

계획을 세워야 할 것이다.

③ 조사에 시간 투자

사업계획서 섹션은 주로 아이디어와 비전을 바탕으로 작성되지만, 필요한 중요한 정보 중 일부는 직접 자료 조사가 필요하다. 누구에게 판매하는지, 제품에 대한 수요가 있는지, 비슷한 제품이나 서비스를 판매하는 사람이 누구인지를 파악하는 데 시간을 투자해야 할 것이다.

④ 짧고 간결하게 작성

누구를 대상으로 작성하든 사업계획서는 짧고 읽기 쉬워야 하며 일반적으로 15~20페이지를 넘지 말아야 한다. 추가 문서가 있다면 부록으로 하는 것이 좋다.

⑤ 어조, 스타일, 목소리 일관성 유지

일관성을 유지하려면 한 사람이 계획서를 작성하거나 계획서를 배포하기 전에 적절하게 편집할 수 있는 시간을 가지면 가장 좋다.

3) 이것만은 알고 가자!

- -

• 주요 구성 요소

① 회사 소개 : 사업 구조, 비전, 핵심 인력 정보 포함

② 시장 분석 : 목표시장, 경쟁사 분석, 차별화 전략 제시

③ 제품/서비스 설명 : 제품 특성, 수명주기, 특허 여부 명시

④ 마케팅 및 영업 전략 : 시장진출 방안, 유통 채널, 고객 소통 계획

⑤ 재무 계획 : 자금 조달 요청, 예상 수익, 비용 구조 분석

• **작성 시 유의사항**

① 객관성 유지 : 낙관적 예측보다 현실적인 데이터 기반 작성

② 핵심 내용 강조 : 전문 용어 최소화, 투자자에게 설득력 있는 구성

③ 지속가능성 강조 : 일회성 기술보다 지속적인 성장 가능성 제시

④ 유연한 수정 : 시장 변화에 따라 계획 수정 가능

• **핵심요소 4가지**

사람(인력자원), 기회(시장과 제품), 주변 환경(경제, 규제, 기술 등), 위험과 보상

- 용어 정리 -

• **리소스(Resource)** : 인간 생활 및 경제 생산에 이용되는 노동력이나 기술 따위

를 통틀어 이르는 말로 주로 자원, 재료, 또는 시스템 자원을 의미한다.

• **템플릿(Tablet)** : 글씨를 새겨 넣기 위한 단단하고 평평한 판떼기를 의미한다.

즉 미리 정해진 형식이나 틀로 다양한 분야에서 활용되고 있다. 디자인 시간을

절약할 수 있고 또 문서 작성 시 통일된 서식을 유지할 수 있다.

• **프로젝트(Project)** : 일정한 기간 안에 일정한 목적을 달성하기 위해 수행하는

업무의 묶음을 말한다. 줄여서 플젝(영어 : Pljec)이라고 부르기도 한다.

4) 우리 함께 도전하자!

사업계획서 작성 후 생각 정리	
사업계획서 작성의 의미는?	
어떤 도움을 받았나?	
사업계획서에 포함해야 할 핵심 항목은 무엇인가?	
내가 가장 주력한 분야는?	
작성 시 가장 힘든 점은?	

3. 착한 이윤, 사회적 기업의 매력

사회적 기업은 사회적 가치를 실현하는 동시에 수익을 창출할 수 있는 비즈니스 모델을 수립하고 운영하는 기업을 말한다. 일반적인 영리 기업은 말 그대로 이윤 극대화를 추구하는 것에 비해 사회적 기업은 반쯤은 영리를 추구하고, 반쯤은 사회 문제 해결을 위한 노력과 공동체적 가치 실현을 추구하는 기업이라고 할 수 있다.

1) 민재의 고민 : 돈아, 사이좋게 놀자!

민재는 더 큰 고민에 빠져 표정이 굳어졌다.

'착한 이윤 추구가 자본주의 위기에 해답이 될 수 있나?'라는 말을 듣고 이렇게 어려운 문제를 어찌 풀어야 할지 정말 '산 넘어 또 산'이란 느낌이 들었다.

사회적 기업이란 영리 기업과 비영리 기업의 중간 형태라고 하고 이윤을 추구하되, 그 이윤을 취약계층 지원이나 지역사회 발전 등 사회적 목적에 집중적으로 재투자한다고 하는데 이런 일들이 과연 현장에서 어찌 이루어지고 또 어떤 의미가 있는지 알면 알수록 머리가 복잡하고 아리송하다.

민재는 머리도 식힐 겸 친구들이 모여 노는 놀이터로 발길을 옮겼다.

역시 태현이가 민재를 먼저 보고 소리쳤다.

"민재야! 같이 놀자."

"아니야! 난 지금 놀 기분이 아니야……."

"그럼, 여기 왜 온 거야?"

"오늘은 다른 날보다 더 심각해 보이네, 무슨 고민에 빠진 거야?"

"말해 봐! 함께 고민해 보자."

"너희들 사회적 기업과 착한 이윤이란 말 알고 있니?"

"정확히는 몰라도 사회적 기업은 회사가 자신들의 이윤만 챙기는 것이 아니라 사회적으로 도움을 주고자 하는 것이고, 착한 이윤이란 정당하게 이윤을 남기는 것이란 생각이 들어……."

이 말을 듣는 순간 민재는 얼굴이 환해졌다.

"역시 내 친구네! 그럼 우리같이 할 수 있는 일이 무엇인지 알아보자! 우리가 사회적 기업을 같이 만들어 보면 어떨까?"

"그런데 만드는 것은 자신이 없는데……."

조금 전에 놀이터에서 놀던 개구쟁이들이 아니라 진지한 표정으로 고민하는 듯했다.

"그럼 먼저 알아보고 결정하면 어떨까?"

"좋은 생각이야!"

발걸음이 한결 가벼워진 느낌이 들었다.

2) 선생님의 치트키!

늘 그러하듯이 오늘도 민재는 선생님을 찾았다.

"선생님, 오늘도 선생님을 안 찾을 수가 없었어요. 심각한 고민이 생겼어요."

"고맙구나! 어려운 문제를 혼자 고민하지 않고 늘 찾아주어서……. 그래, 어디 이야기를 들어보자꾸나."

"선생님, 돈 공부를 하면서 돈이 어떻게 돌아서 내 곁으로 오는지, 또 내가 돈을 벌려면 어떤 방법이 있는지, 벌면 어찌 써야 하는지, 어찌하면 즐거운 맘으로 벌고 쓸 수 있는지 등을 생각하다가 사회적 기업이란 것을 알게 되었는데 이것이 어떤 것인지 알 수가 없어요. 선생님의 도움이 필요해요."

"아구야! 우리 민재가 점점 어른이 되어 가고 있구나! 얼마 안 있으면 선생님을 능가할 것 같은데……. 호호."

"그런 날은 절대 없어요. 저는 늘 선생님의 제자이고 싶어요. 언제든 궁금한 내용이 있으면 물어볼 수 있어서 너무 행복해요."

"그래, 그럼 같이 생각해 보자. 사회적 기업은 이윤을 내면서도 사회 문제 해결을 함께 목표로 하는 기업이란다. 번 돈의 일부를 지역사회나 어려운 사람들을 돕는 데 다시 쓰고, 공익을 중요하게 생각하며 운영하는 것이 특징이지. 요즘은 '돈쭐낸다.'는 말처럼 소비로 사회를 바꾸려는 사람들이 늘고 있고, 이런 흐름 속에서 환경과 사회적 책임을 중요하게 여기는 ESG 경영도 점점 주목받고 있단다."

3) 이것만은 알고 가자!

- 용어 정리 -

- **제품구매** : 사회적 기업이 만드는 상품이나 서비스를 사는 것만으로도 공익에 기여함.

- **재능기부** : 회계, 디자인, IT 등 전문 역량을 가진 사람이 재능기부를 하면 운영에 큰 도움이 됨.

- **SNS 홍보** : 본인이 알고 있는 업체를 주변에 알리면 더 많은 소비자와 연결할 수 있음.

- **돈쭐내다** : '돈'과 '혼쭐내다.'의 합성어로 선행을 베푼 자영업자나 기업의 물건을

적극적으로 '사주는 행위'를 말한다.

• ESG(Environmental, Social and Governance) : 환경 · 사회 · 지배 구

조를 말하는 것으로 기업이나 비즈니스에 대한 투자의 지속 가능성과 사회에 미

치는 영향을 측정하는 세 가지 핵심요소이다.

---

4) 우리 함께 도전하자!

활동 : 사회적 기업에 대하여

물음	내용	비고
우리 주변의 사회적 기업은?		
대표적인 사회적 기업은?(2가지만)		
사회적 기업이 해야 할 일은?		
내가 만들고 싶은 사회적 기업은?		
사회적 기업이 사회에 미치는 영향은?		
미래에 어떤 사회적 기업이 필요할까?(유망한 사회적 기업)		

3장

함께 살아가기, 돈의 사회적 책임

비경제활동 인구는 우리 사회의 중요한 구성원 중 하나입니다. 이들은 직접적인 생산 활동에는 참여하지 않지만, 그 존재와 역할은 사회 전체의 돈의 흐름에 영향을 미칩니다. 즉 가정주부, 학생, 연로자, 심신장애자, 구직단념자 등으로 구성된 이들은 경제 생태계의 여러 측면에서 중요한 역할을 합니다. 비록 이들이 일할 능력이 없거나 일하는 데 관심이 없어 보일 수 있지만, 이러한 비경제활동 인구는 경제 전반에서 피할 수 없는 역할을 하고 있습니다.

학생들이 비경제활동 인구의 대표적인 예입니다. 이들은 일하지 않는 대신 학업에 집중하면서 미래의 경제 활동을 준비하고 있습니다. 당장의 소득은 없지만, 이들이 성장하여 사회에 진출하고 경제 활동을 시작할 때 경제 전반에 큰 영향을 미치게 될 것으로, 이들에게 투자되는 시간과 돈은 장기적으로는 더 큰 경제적 혜택으로 돌아오게 될 것입니다. 그들이 원하는 직업을 구하고 많은 돈을 벌게 되면, 이는 국가 경제의 중요한 원동력이 되기 때문입니다.

결론적으로, 비경제활동 인구는 돈의 순환 구조에서 중요한 역할을 하여 직접적인 소득을 창출하지는 않지만, 그들의 존재가 경제 전반에 긍정적인 영향을 미친다는 의미입니다.

1. 나누는 행복, 가치 소비*

행복한 부자가 되는, 진정한 부자란? 민재는 가치 소비나 비경제활동* 등 점점 새로운 사실을 알아가면서 돈 공부에 빠져 들었다. 학생은 비경제활동 대상으로, 가치 소비를 함으로써 돈의 건전한 순환을 위해 이 사회에 꼭 필요한 존재라고 하니 더 열심히 살아야겠다는 생각이 들었다.

경제 활동을 하는 사람이 비경제활동을 하는 사람과 나누어 소비함으로써 사회는 성장하고 발전한다고 하니 나누는 행복의 진정한 의미를 알아가는 좋은 기회라는 생각이 든다. 물론 비경제활동을 하는 사람은 언젠가 경제 활동으로 이 사회에 선순환을 이루어야 할 것이다.

1) 돈아, 돌아 돌아 이제 왔구나!

민재는 오늘도 가치 소비, 비경제활동 대상, 나누는 행복 등 새로운 사실을 접하면서 돈 공부가 점점 수준이 높아지니 뿌듯해졌다. 그러나 알면 알수록 풀리지 않는 숙제도 생겨 어찌 풀어야 할지 마음이 답답하긴 마찬가지이다. 일단 돈을 벌고, 잘 쓰고 해야 할 것 같은데 쉽지 않은 일이니 또 한계에 부딪히게 된다. 이럴 때마다 민재는 친구들 생각이 나서 오늘도 놀이터에서 태현이, 하림이, 유리를 만나기로 했다.

민재가 만나자고 할 것을 알고, 기다렸다는 듯이 모두 나왔다.

우리가 직접 돈을 벌지는 않아도 돈을 쓸 자격이 있다니 이제 우리 손에 돈다발을 쥐고 있는 듯 신이 났다.

"애들아, 만나서 반가워! 우리가 이제 사업계획서도 작성해 보았으니 다음 단계로 돈을 어찌 사용하면 좋을지 생각해 보면 어떨까? 더구나 우린 돈을 쓸 자격이 있다니……."

"머나먼 이야기 같지만 생각해 보는 것은 기분 좋은 일이지……."

"맞아! 버는 것보다 쓰는 일은 생각만 해도 신나는데……. 물론 함부로 쓰면 안 되겠지?"

"당당하게 돈을 쓰면서 우리들의 세상을 만들어 보자! 어떤 방법으로 사용하면 좋을까? 일단 필요한 곳에 사용하고 남으면, 아니 일정한 액수를 남겨놓고 필요한 곳에 쓰면 좋을 것 같은데……."

"그러려면 금융을 알고 또 나누는 행복과 가치 있는 소비생활이 중요하다는 걸 알아야 할 것 같은데, 너희들 생각은 어떠니?"

"맞아! 나도 공감이야!"

"그래! 나누는 행복, 가치 소비, 비경제활동의 의미 등 재미있네."

“우리들이 비경제활동 인구로 중요한 역할을 하는 사회적 구성원이라고 하니 돈을 쓰는 일이 당당해진 느낌이 드네.”

“맞아! 우리들이 어찌하느냐에 따라 미래사회의 나아갈 길이 결정된다고 하니 우리들의 역할이 매우 중요해.”

“우리 다 같이 힘을 합쳐 멋진 우리들의 세상을 만들어 보자!”

2) 선생님의 치트키!

오늘도 민재는 선생님의 생각은 어떠신지 궁금했다. 늘 고마운 선생님의 조언이 필요했다. ‘선생님은 무슨 말씀을 해 주실까?’ 생각하면서 한편 선생님에게 조금씩 성장하는 자신의 모습을 자랑하고 싶기도 했다.

“선생님, 안녕하세요.”

역시 기다렸다는 듯이 선생님은 반겨주셨다.

“어서 오너라! 오늘은 우리 민재가 무슨 이야기를 하려고 이리 신이 나서 왔을까?”

“예! 선생님, 신나는 이야기를 하려고 해요. 비록 비경제활동인 학생 신분이지만 미래의 경제 활동 대상으로 어찌 돈을 벌고, 얼마나 벌고, 어디에 사용하고, 또 나눌 수 있을까 등 이젠 차원이 높아진 것 같아요.”

선생님은 우쭐해 하는 민재를 보고 다소 진정할 필요가 있다는 생각이 들었다.

"그래, 우리 민재가 제법 수준이 높아져서 이젠 선생님이 감당하기 힘든걸. 선생님도 이젠 공부를 해야 답을 할 것 같은데……. 오늘부터 우리 민재는 선생님의 애제자 1호로 인정한다. 같이 연구하고 공부해 보자꾸나."

"와우~. 선생님의 칭찬을 들으니 너무 기분이 좋아요. 더 열심히 공부해야 할 것 같아요. 고맙습니다."

"자! 그럼 선생님의 이야기를 잘 들어보렴. 우리 민재가 알고 있듯이 돈은 중요한 가치를 지니고 있어서 어찌 벌고, 사용하느냐에 따라 세상을 아름답게 할 수도 있고 비참하게 만들 수도 있단다. 내가 벌었다고 나만 쓰는 것이 아니라, 즉 비경제활동을 하는 사람들과 나누는 행복을 알아가면서 돈의 순환을 통해 세상도 가치 있는 소비가 이루어진다고 할 수 있지. 비경제활동은 실직자와는 다른 개념이란다. 또 신조어로 니트족*도 여기에 포함된단다. 비경제활동 하는 사람은 미래의 동력으로 이 사회를 앞으로 성장하고 발전시키고 더 나아가 행복의 진정한 의미를 일깨워 주는 소중한 존재이지. 즉 비경제활동을 하는 사람은 언젠가 경제 활동을 하면서 이 사회에 선순환의 중축이 될 보물이란다.

선생님 이야기를 들으니 어때? 민재는 충분히 잘할 것으로 미래가 기대되는 나의 애제자인걸!"

"예, 선생님! 최선을 다하겠습니다."

3) 이것만은 알고 가자!

- 용어 정리 -

- **비경제활동** : 만 15세 이상 인구 중 취업자도 실업자도 아닌 사람을 의미하며, 일할 의사가 없거나 일할 능력이 없는 경우를 포함한다. 구직활동 자체를 하지 않는 경우가 많다. 실업자도 아니고 취업자도 아닌 사람으로 별도로 집계된다. 비경제활동 인구의 증가는 부양인구 증가로 이어져 사회적 비용이 크게 발생한다. 이로 인해 경제 성장 저해, 체감경기 하락 등으로 사회에 대한 불만도가 높아져서 이로 인한 문제가 심각해진다. 그래서 이에 대한 대책이 요구되는 상황이다. 2024년 7월 22일, 대졸 이상 비경제활동 인구가 405만 8,000명에 달했다고 보도했다.

- **니트족(NEET, Not in Education, Employment or Training)** : 무직 상태이면서 취업을 위한 교육이나 훈련을 받지도 혹은 그 외에 학문을 공부하지 않는 이들을 일컫는 신조어다. 다시 말해 백수 중에서도 취업 의사가 전혀 없는 경우다. 기존의 구직단념자, 비구직자, 취업포기자, 순수비경제 인구 등과 유사한 용어로 근로 능력 있는 사람이 지속적으로 쉬는 행동을 니트족이라고 부른다. 일을 하지 않는다는 점에서 백수와 니트는 비슷하지만, 집안의 경제력 이상의 사치를 포기한 상태라는 점에서 과거의 백수건달과 다르다. 백수는 돈을 벌지 않는 모든 사람을 일컫는 말이며, 니트족은 그 하위 범주에 속한다고 볼 수 있다.

- **가치 소비(價値消費)** : 소비자가 광고나 브랜드 이미지에 휘둘리지 않고 본인의 가치 판단을 토대로 제품을 구매하는 합리적인 소비 방식을 말한다. 소비자는 본인이 가치를 부여하는 제품에 대해서는 과감하게 소비하되, 그렇지 않은 제품에 대해서는 저렴하고 실속 있는 제품을 선호한다. 즉 사전 정보를 토대로 비교해 보고 구매하는 합리적인 소비 방식을 일컫는다.

- **실직자(失職者)** : 직업을 잃고 노는 사람이지만 구직활동을 한 사람으로, 경제활동인구에 속한다. 즉 노동을 제공할 의사와 능력이 있으나 일자리를 갖지 못한 사람을 의미한다. 경제활동인구 중 최근 일정 기간(한국은 4주, 국제노동기구는 1주) 구직활동을 했으나 수입 있는 일을 하지 못한 경우를 포함한다.

---

4) 우리 함께 도전하자!

활동 : 비경제활동 의미 및 나의 생각 정리하기

물음	내용	비고
비경제활동 대상은 누구인가?		
내가 경제 활동을 한다면 가장 먼저 하고 싶은 일은?		
한 달 용돈으로 지출 내역 정리하기		

물음	내용	비고
가장 바람직한 돈의 가치는?		
지금은 한 달 용돈이 어느 정도 필요한가?		
가장 가치 있는 소비는 무엇이라고 생각하는가?		

2. 금융* 이해와 따뜻한 손길

금융은 우리 삶 깊숙이 자리 잡고 있지만, 그 이면에는 권력과 책임이라는 복잡한 그림자가 드리워져 있다. 예금, 대출, 투자 등 일상적인 금융 활동 뒤에는 자본의 흐름을 결정하고 사회 전체에 막대한 영향을 미치는 힘이 숨겨져 있다. 금융의 숨겨진 얼굴을 제대로 이해하고 균형 있게 다루는 것이 건강한 사회를 만드는 데 정말 중요하다.

1) 돈 친구야! 이제 나하고 놀자

민재는 '금융과 따뜻한 손길이란 말이 연관이 있을까?' 하고 의문을 가지게 되었다. 금융하면 은행이 제일 먼저 떠오르지만 따뜻한 손길은 뭐지? 서로 어울리지 않았다. 그러나 따뜻한 손길이란 말이 민재의 마음을 부드럽게 했다. 소외 계층에게 금융서비스를 제공하여 경제적 안정을 지원한다고 하니 제대로 알고 실천해야겠다는 생각이 들었다.

역시 좋은 일은 힘을 합치면 시너지 효과*가 나니 친구들과 함께 하기로 마음을 먹고 의견을 모았다.

모두 찬성하니 함께 알아보고 실천하기로 했다. 오늘은 모두 선생님의 말씀을 듣기로 하고 약속을 잡았다.

2) 선생님의 치트키!

오늘은 친구들과 함께 선생님을 뵙기로 하니 공연히 마음이 들뜨고 진정이 잘 안 되었다.

"선생님, 안녕하세요."

다른 때보다 목소리가 우렁차니 선생님은 놀란 표정으로 "아니, 누군가 했더니 오늘은 민재 혼자가 아니구나! 너희들 무슨 일이니?" 하고 물었다.

"돈 공부를 하면서 차츰 관련 내용을 알아가다 보니 금융, 소외 계층, 따뜻한 손길, 금융서비스 등 모르는 내용이 많아요. 도와주세요."

"이제 너희들의 돈 공부가 점점 전문화되고 있다는 생각이 드는구나. 참 기특하구나! 물론 좀 어려울 수 있으나 차분하게 금융 관련 생각을 정

리하면 돈 공부에 도움이 될 것이다. 그럼 이야기 잘 듣고 궁금한 내용이 있으면 질문해라!"

"예!"

"금융소외계층의 경제적 안정 지원, 즉 포용금융*은 금융소외계층에 금융서비스를 제공하여 경제적 안정을 지원한단다. 그 특징을 보면 사회적 가치 창출로 포용금융은 금융소외계층의 경제적 안정을 지원함으로써 사회적 가치를 창출하고 또 금융의 사회적 책임을 강화하는 데 기여한단다."

3) 이것만은 알고 가자!

- 용어 정리 -

- **금융(金融)** : 금전을 융통하는 일. 특히 이자를 붙여서 자금을 대차하는 일과 그 수급 관계를 이른다.
- **금융기관(金融機關)** : 예금에서 자금을 조달하여 기업이나 개인에 대부하거나

증권 투자 따위를 하는 기관을 통틀어 이르는 말. 은행, 신탁 회사, 보험 회사, 농협, 수협, 증권회사, 상호 신용 금고 따위가 있다.

- **포용금융** : 포용금융은 모든 개인과 기업이 저축, 대출, 보험 등 다양한 금융서비스에 적절한 비용으로 편리하게 접근할 수 있도록 하는 것을 의미한다.

- **시너지 효과** : 시너지 효과는 두 개 이상의 요소가 협력하거나 결합하여, 각각이 독립적으로 작용할 때보다 더 큰 효과나 성과를 내는 현상을 의미한다. 시너지(Synergy)는 그리스어 'Synergos(함께 일하다)'에서 유래했으며, '1 + 1 = 3'처럼 단순한 합 이상의 결과를 내는 것을 뜻한다. 시너지 효과는 비즈니스, 팀워크, 과학, 예술 등 다양한 분야에서 활용되며, 협력과 통합을 통해 얻는 긍정적인 상승 작용을 강조한다.

- **파생상품** : 파생상품은 주식, 채권, 금리, 환율, 원자재 등 기초자산의 가격 변동에 따라 가치가 결정되는 금융 상품으로, 기초자산의 움직임에 따라 수익이나 손실이 발생하는 것이 특징이다.

4) 우리 함께 도전하자!

물음	내용	비고
비경제활동 대상은 누구인가?		
내가 경제 활동을 한다면 가장 먼저 하고 싶은 일은?		
한 달 용돈으로 지출 내역 정리하기		
가장 바람직한 돈의 가치는?		
지금은 한 달 용돈이 어느 정도 필요한가?		
가장 가치 있는 소비는 무엇이라고 생각하는가?		
포용경제의 특징은?		

3. 지속 가능한 소비와 투자

지속할 수 있는 경제생활은 경제적으로 현명하게 돈을 관리하면서 동시에 환경·사회·문화적인 측면에서도 생활이 가능한 것을 말한다. 이는 자원의 지속 가능한 이용과 재생에 중점을 두고, 미래 세대들도 건강하고 안정적인 삶을 영위하는 데 목표를 두고 있다. 즉 에너지 절약, 재활용, 소비자의식 개선, 지역사회 발전에 기여하는 소비 등 다양한 방법이 있다. 이를 통해 우리는 지속 가능한 경제 발전을 이루며 동시에 환경 보호와 사회적 책임을 다하는 시민이 되는 것이 중요하다.

1) 돈은 움켜쥘수록 멀어진다

지속 가능한 소비를 하기 위해 투자도 하게 된다는 내용을 알고 이젠 마음이 차분해지는 느낌이다. 이젠 실생활에서 행동으로 실천해야겠다는 생각이 들었다. 친구들은 어찌 생각하는지 늘 든든한 지원군인 친구들과 대화를 나누고 싶었다. 늘 혼자보다는 친구들과 대화를 하면 새로운 아이디어가 떠오르고 또 좋은 결과를 얻는 데 도움이 되었기 때문이다.

오늘은 날씨가 덥기도 하여 모처럼 음료수를 마시기로 마음을 먹고 동네 무인카페에서 만나기로 했다.

"민재야!"

"무슨 일이야? 많이 발전한 느낌이야. 카페에서 만나다니!"

"너희들 차부터 주문받을게, 음료수 한 잔씩 하자! 그동안 모은 용돈이 있어서 오늘은 내가 쏠게!"

"좋아! 나오길 잘했네, 그런데 무슨 일인지 이야기 먼저 들어보자." 민재는 다시 심각한 표정을 지으면서 물었다.

"너희들 지속 가능한 소비, 투자 이런 말 들어봤니?"

"지속 가능한 소비는 생소한 단어이지만 투자라는 말은 많이 들어봤지. 투자를 잘하면 돈을 벌 수 있지만 잘못하면 빚을 지기도 하고 때론 빈털터리가 된다고 하던데……."

"맞아! 지속 가능한 소비를 하면서 현명하게 투자를 하려면 우리가 하는 돈 공부를 더 열심히 해야 할 것 같아."

"지속 가능한 소비, 돈 공부, 투자 등 우리가 평소 잘 안 쓰는 단어이긴 하나 꼭 필요한 공부이니 이번 기회에 제대로 해 보자."

"지금 우리는 돈벌이를 할 수 없으니 지속 가능한 현명한 소비를 해야 할 것 같아, 그러기 위해 돈 공부를 하고 투자를 배운다고 생각해."

"그래, 맞아! 언젠가는 돈을 벌 날이 오겠지, 지금 소비생활을 잘 실천하면 나중에 수입이 생길 때 잘 사용하고 또 그때는 투자도 하면서 더 적극적인 소비생활을 할 수 있을 것 같아. 생각만 해도 기분이 들뜨고 좋은 걸……."

2) 선생님의 치트키!

오늘도 변함없이 민재는 선생님이 보고 싶었다. 선생님은 늘 그 자리에서 민재를 기다린다는 생각에 마음이 편하고 좋았다.

"선생님!"

"역시 민재로구나! 이젠 선생님이 민재가 안 오면, 무슨 일이 있나 기다려지는데……."

"선생님, 고맙습니다. 저도 늘 선생님이 생각나요. 선생님, 오늘은 지속가능한 소비 및 투자에 대하여 알고 싶어요. 중요한 일이라서 선생님의 도움이 절실하게 필요해요."

"그래~~. 점점 생각이 깊어져 성숙해가는 모습이 느껴지니 선생님도 행복하구나!"

3) 이것만은 알고 가자!

- 용어 정리 -

- **사회적 책임 경영(Corporate Social Responsibility, CSR)** : 기업이 이익 창출뿐만 아니라 사회적 가치를 실현하고 사회적 문제에 대한 책임을 다하는 것을 의미한다. 윤리적 소비를 지향하는 기업들은 사회적 책임 경영을 추구하는 경향이 있다.

- **소비자 윤리(Consumer Ethics)** : 소비자가 제품이나 서비스를 구매할 때, 환경, 사회, 동물 복지 등과 같은 윤리적 가치를 고려하는 것을 의미한다. 윤리적 소비자들은 소비자 윤리에 대한 관심을 가지고 구매 결정을 내리는 경향이 있다.

4) 우리 함께 도전하자!